ÍNDICE

Capítulo I

Morelos, despertar de una realidad

El génesis

En el año de 1995, los medios de comunicación nacionales e internacionales observaron en el estado de Morelos una sociedad paranoica ante el desmesurado aumento de secuestros.

La población temerosa empezó a organizarse y coordinarse para poder dar frente a los plagiarios que actuaban cada vez en forma más organizada e impune. La tecnología y armamento usado por los delincuentes en muchos casos era superior a la portada por los distintos cuerpos de seguridad.

Los policías en gran medida coludidos con los jefes de las principales bandas de secuestradores solo capturaban a los "desechables"[1] sin lograr o intentar siquiera atrapar a los capos de las bandas

Ese año fue solo el preámbulo de lo que se aproximaba, ya que los casos de secuestros se realizaban en forma cada vez más periódica conforme avanzaba el tiempo y cambiaban directivos en los distintos cuerpos de seguridad, hasta llegar a registrarse en los medios informativos cuatro o cinco secuestros a la semana.[2]

Los grupos inmigrantes, de clase baja, que llegaban a Morelos en busca de una mejor forma de vida[3] y la precaria situación económica que el estado sufría a pesar de sus recursos naturales empezaron a ser uno de los muchos factores propicios para crear un caldo de cultivo que se conformaría en ese año, todo esto, aunado a un gran número de policías corruptos que parecían ávidos de conseguir bienes económicos sin importar la forma de llegar a ellos. Situación que los delincuentes aprovecharon y que se registró en los medios de comunicación gracias a las investigaciones de los distintos cuerpos de seguridad nacionales y extranjeros así como la de los grupos sociales y medios de comunicación.

Los pactos y encubrimientos que los distintos mandos del poder ejecutivo y judicial mantenían con el crimen organizado se plasmó con un alza en los índices delictivos nunca antes registrados, ya que *"Oficialmente, en Morelos se registraron 59 secuestros en 1995; sin embargo, algunas organizaciones no gubernamentales como Causa Ciudadana, Grupo*

---

[1] Personas dedicadas a la custodia y alimentación de los secuestrados.

[2] Según especialistas en seguridad uno de cada cinco secuestros es denunciado.

[3] Quien fuera director de la Policía Judicial del estado d Morelos, Jesús Miyazawa Álvarez, afirmó que tres o cuatro miembros de cada banda de secuestradores detenidos y consignados por plagios cometidos en Morelos, son originarios del vecino estado de Guerrero, y que en muchos de los plagios la servidumbre de la víctima está involucrada. CASTILLO, Jesús. Guerrerenses, la mayor parte de secuestradores consignados. Periódico La Unión de Morelos, Cuernavaca, 3 de noviembre de 1997.

Cuautla, Comisión Independiente de Derechos Humanos y Comisión de Derechos Humanos de la Región Oriente, entre mayo de 1994 y noviembre de 1996 ocurrieron 250[4]*. Se calcula que por concepto de rescate se han pagado cerca de 32 millones de dólares. Según (en ese entonces) el gobernador Jorge Carrillo Olea, han sido detenidos unos 300 secuestradores".*[5] De igual forma, muchos jefes de los cárteles del narcotráfico, vieron en Morelos el idóneo lugar para residir sin ser molestados, como lo demuestran las investigaciones que ponen de manifiesto que los jefes del Cártel de Juárez, Juan José Esparragoza, "El Azul";[6] Amado Carrillo Fuentes, "El Señor de los Cielos"[7] y Vicente Carrillo Leyva, "El Ingeniero"[8] tenían sus casas de descanso en esa entidad.

El año de 1922 fue el antecedente de los secuestros modernos en Morelos, secuestros que eran de cierta forma poco comunes, la relevancia del plagio efectuado en ese año fue la importancia de los personajes secuestrados

Secuestro del exjefe del servicio secreto estadounidense.

A pesar que en Morelos se habían dado varios secuestros durante la revolución, se podría considerar el de Bruce Bielazki y José Bárcenas el 16 de junio de 1922 como el antecedente de los secuestros modernos en el estado, a pesar de la poca información, el investigador Víctor Ronquillo logró recabar información que quedo plasmada en una de sus publicaciones.[9]

Los hechos se registraron cuando siete hombres armados y con los rostros cubiertos interceptaron a José Bárcenas y Bruce Bielazki quienes se dirigían a las *"Grutas de Cacahuamilpa"*, pidiendo por su rescate diez mil dólares.

Bielazki, alto funcionario de la New Mexico Oil Company, antes de llegar a México había sido jefe del Servicio Secreto de los Estados Unidos de Norteamérica durante la Primera Guerra Mundial. El licenciado Bárcenas, próspero hombre de negocios, [10] se encontraba en nuestro país con la intención de adjudicarse el Hipódromo de Tijuana a través de un litigio.

De acuerdo al testimonio de Dora Benson -suegra de Bielazki-, su hija y su yerno se dirigieron en un primer momento a Tampico, y posteriormente se trasladaron a la Ciudad de México, hospedándose en el Hotel Regis junto con otros petroleros. La finalidad de

---

[4] Las cifras entre una dependencia gubernamental u organismo civil varían considerablemente.

[5] ARANDA, Julio. "Y el fenómeno apenas empieza". Semanario Proceso, México, 27 de enero de 1997.

[6] ARANDA, Julio. Según un testigo protegido de la PGR, el procurador de Morelos ayuda a "El Azul". Semanario Proceso, México, 16 de agosto de 1999.

[7] Amado Carrillo gustaba visitar su exhacienda en la comunidad de Tetecala, Morelos. Lugar donde realizaba grandes fiestas con una duración de tres días a una semana y vigilada por comandos fuertemente armados. OZAETA, Ulysses. Tetecala, lugar de descanso de "El Señor de los Cielos". Fanzine La Cloaca, Puente de Ixtla, 10 de octubre de 2001.

[8] Carta fechada el 13 de agosto del 2003 por Arturo Solís, presidente de Derechos Humanos en México. http://www.derechoshumanosenmexico.org

[9] RONQUILLO, Víctor, La nota roja (compilación 1920-1929), México, Grupo Editorial Siete, 1996.

[10] De acuerdo al investigador, corrían rumores que Bárcenas se hallaba ligado al contrabando y a la trata de blancas

dicha estancia era la de arreglar algunas diferencias surgidas entre los intereses de sus asociados y algunos funcionarios del gobierno mexicano.

El secuestro tuvo varias líneas de investigación sin que jamás se descubriera los fines que motivaron a los plagiarios. Algunos pensaron que se debía a una venganza por parte de simpatizantes del general Victoriano Huerta, ya que Bielazki años atrás lo había aprehendido cerca del Paso, Texas y llevado a prisión donde murió. Había quienes creían que estadounidenses radicales habían planeado el plagio como represalia por la persecución que Bielazki emprendió contra los sindicalistas durante su gestión como jefe del Servicio Secreto. Otras versiones señalaban que Bielazki descubrió la oferta del gobierno de Berlín al presidente Carranza, en el sentido de ciertas compensaciones territoriales, a cambio de que éste le declarara la guerra a los Estados Unidos y que viejos federalistas trataron de cobrarle el agravio. Otra versión involucraba a los petroleros estadounidenses, quienes se encontraban en un contexto de presión a las autoridades mexicanas para que les dieran mejores condiciones de explotación.

Con el fin de acelerar el pago del rescate fue liberado José Bárcenas. Poco tiempo después Bielazki logró escapar de sus captores y caminó sin rumbo fijo hasta llegar a Tetela, Morelos, lugar donde recibió ayuda de los lugareños.

Bielazki relató a periodistas estadounidenses -pues se negó a hablar con las autoridades mexicanas- que junto con sus captores caminaron mucho por el monte, los hombres cansados del largo trayecto recorrido quedaron dormidos, lo que aprovechó para darse a la fuga. Los secuestradores eran indígenas originarios de esos parajes, sólo hablaba con el jefe (que tenía un perfecto inglés, según el afectado)

El gobierno mexicano atribuyó el secuestro a la banda de Gil Fierros, conocido delincuente que operaba en el camino a Cuernavaca.

1995

Setenta y dos años después de 1922, Morelos reaparece en los medios de comunicación por la ola de secuestros que se estaban dando en distintos puntos del estado y en particular en la zona oriente. Por primera vez aparecían los grandes capos del secuestro. Algunos de ellos contaban con más de cien integrantes dentro de sus organizaciones delictivas.

Siete días después de iniciado el año de 1995, algunos titulares de los diarios estatales y semanarios locales mostraron en sus encabezados la muerte de un peligroso secuestrador y jefe de una banda durante un enfrentamiento que tuvo con la policía, iniciando así, lo que sería el preámbulo de una ola de secuestros que no disminuyó hasta el año 2001.

Los hechos se registraron cuando Cirilo Beltrán Cardozo, jefe de una banda de asaltantes y secuestradores, en un intento de extorsión, amenazó por teléfono al comerciante materialista Eduardo García de que le pagara una fuerte suma de dinero o en caso contrario podrían ser secuestrados él o algún familiar suyo.

Eduardo García, en un intento desesperado de liberarse del plagiario solicitó ayuda de las autoridades municipales y estatales para que detuvieran a Beltrán Cardozo, montando así, un dispositivo policiaco para lograr la captura de los integrantes de la banda.

A las 12:30 horas, Cirilo Beltrán, en compañía de René Aparicio Zamora y Oscar Morán Enríquez se dirigieron en dos taxis al hogar de la familia García. Javier Morales Caporal y Julián Valdez Zamora, conductores de los taxis, fueron amagados por los delincuentes, quienes los usaron como chóferes para perpetrar la extorsión.

De acuerdo a la información proporcionada por los vecinos, al llegar los delincuentes se percataron del dispositivo policiaco e iniciaron un enfrentamiento a balazos que duró varios minutos hasta que un efectivo de la policía logró herir de bala a Beltrán Cardozo. Agonizante y con cuatro impactos de bala, sus acompañantes lo subieron a uno de los taxis y tomaron el camino a Huazulco, comunidad que les servía de refugio, iniciando así una persecución que concluyo kilómetros más adelante con la rendición de Aparicio Zamora y Morán Enríquez.

El miércoles 25 del mismo año, cinco secuestradores lograron plagiar al hijo del ganadero Abel Villaseñor Castrejón, cuando éste llegó a su rancho ubicado en Tilzapotla para realizar la ordeña diaria.

Al ver que sus vaqueros estaban amarrados y que los plagiarios ya lo estaban apuntando con sus pistolas, nada pudo hacer para evadir la acción de los secuestradores. Atado y amagado, Jorge Villaseñor Salgado fue subido a un jeep de su propiedad y usado por los delincuentes para emprender la huida.

Horas más tarde, los delincuentes se comunicaron con los familiares exigiendo la cantidad de un millón de pesos por la liberación de su hijo. Cantidad que fue reduciéndose considerablemente mientras se daban las negociaciones.

Seis días después, un grupo de agentes policíacos encabezados por Darío Lugo Sánchez lograron ubicar la casa de seguridad de los plagiarios y realizaron un operativo que dio como resultado la liberación de Jorge Villaseñor sin que se lograra capturar a los delincuentes.

Este hecho resultó ser el segundo en la semana, cuando Eloy Campos Uribe, fue víctima de un secuestro con las mismas características y en la misma población.

La comunidad de Tilzapotla, preocupada e impotente por la poca ayuda que recibía del edil ixtleco, Lauro Ocampo Amante y del gobierno estatal, decidió organizar "*grupos de rondas*" encabezadas por el ayudante municipal, Vicente Peralta García.

El 14 de marzo, proveniente de Yautepec, un joven arquitecto fue secuestrado en la carretera Oacalco-Yautepec por un grupo de ocho plagiarios. Cien millones de pesos fueron los que solicitaron a los familiares a través de una llamada telefónica para poner en libertad al arquitecto.

El primer contacto de los secuestradores con los familiares se dio por vía telefónica antes de las cinco de la tarde:

¡Bueno!

Escuche atentamente lo que le voy a decir, su hijo tiene un problema.

¿Está lastimado?, Preguntó el padre de inmediato pensando en un accidente, al tiempo que su esposa corría a una recámara para tratar de escuchar por una extensión, sabiendo que algo malo le había pasado ya al mayor de sus tres hijos.

-No tiene nada... aun. Ha sido secuestrado, pero le puede pasar algo si no paga.

Y ¿cuánto piden?

Cien millones, fue la respuesta, *a partir de ahora cuenta con cinco días para obtenerlos.*

Pero es que jamás los he tenido, ni los tendré... y en ese momento los secuestradores cortaron la comunicación.[11]

Una segunda llamada se registró el sábado 18 de marzo.

¿Ya tiene el dinero?

No, ya le dije que no soy rico, ni con mucho tendré lo que pide; pero denos tiempo, estamos juntando lo más que podemos, por favor, ¿cómo está mi hijo?

Hasta ahora bien, pero se va a morir si no cumple. Y si quiere una prueba de que estamos dispuestos a todo a lo mejor le mandamos una parte de su cuerpo para que lo compruebe.[12]

Como en todos los casos, el monto de lo pedido se fue reduciendo hasta hacerse pagable el rescate. La fecha de entrega se acordó el jueves 23 del mismo mes, la orden de los plagiarios era que el padre debía entregar el rescate a bordo de su Volkswagen Sedan, con las luces encendidas y con billetes de baja denominación. Éstos serían entregados en la zona montañosa de Morelos.

Un hecho que suele suceder en varias bandas delictivas resultó desfavorable para el plagiado, algunos integrantes decidieron fugarse con el rescate e informaron a los demás compañeros que habían sido víctimas de la acción policíaca y que el dinero jamás fue entregado.

---

[11] GÓMEZ, Sergio. Rescata la judicial a un secuestrado. Periódico La Unión de Morelos, Cuernavaca, 27 de marzo de 1995.
[12] Ídem.

Esto provocó que los secuestradores tomaran en ese momento una decisión, matar al arquitecto como respuesta a la falsa información dada por los escindidos.

Los padres, al cerciorarse que ya era viernes y su hijo no era liberado permitieron al comandante de la Policía Judicial, Darío Lugo, de proceder como creyera conveniente. Para ese momento, los policías tenían ya varias pistas que identificaban la casa de seguridad de los secuestradores. En una acción inmediata, en la colonia Lomas del Carril, del municipio de Temixco, la guarida fue rodeada por los agentes policíacos aprehendiendo a tres de los ocho secuestradores y el arquitecto, fue liberado momentos antes de que lo mataran.

Una vez en libertad, el arquitecto narró los hechos justo después de detenerse para comprar un refresco y ser sorprendido por los plagiarios:

...No sé por qué, pero lo noté misterioso y es que me veía a los ojos. Entonces me detuve un poco para ver que tramaba, qué es lo que iba a hacer. Temía algo así que instintivamente traté de echarme para atrás; pero en ese momento otro hombre se colocó detrás de mí apuntándome con su pistola

Me ordenaron que caminara hacia mi coche. Lo hice sin protestar y sin hablar. Me colocaron a la parte trasera y uno de ellos se colocó a mi lado, al tiempo que el otro se ponía al volante y arrancaba

Pensé muchas cosas "se trata de un asalto", me dije. "Hay que tener calma" comencé a repetirme.

El chofer dio vuelta en "U" sobre la carretera y se dirigió a Yautepec. Luego en una calle perpendicular, se salieron a la derecha y como a 500 metros, se separaron.

"Bájate", me ordenaron. Y mi sorpresa fue cuando me ordenaron que me metiera en la cajuela. Fue cuando descubrí que nos seguía otro coche, creo que un Jetta o algo así.

Me vendaron, me subieron y comenzó el infierno para mí. Estuvimos paseando por varias calles. Yo no sabía por donde andaba. De inmediato comencé a desarrollar un instinto de sobrevivencia. Digo sobrevivencia por que ya me di cuenta que no era un robo. No se llevaron mi auto, por mi cartera ni se preocuparon, pues seguía en el bolsillo de mi pantalón.

En fin, comencé a temer que era un secuestro.

Así me mantuvieron paseando por espacio de una hora, era muy difícil respirar ahí encerrado, encogido, tapado de la cara y con el calor de afuera, temí en un momento asfixiarme.

Pasó más o menos una hora, finalmente me bajaron en una vereda de piedra que ascendía una loma. Me advirtieron que me iban a quitar la venda, pero que sólo viera al piso o que me matarían.

Obedecí sin chistar.

A unos diez metros estaba lo que sería mi hogar y mi cárcel: un estrecho y mal oliente cuartucho sin ventilación, hecho en rudimentario concreto.

Me volvieron a poner la venda que en realidad era un trapo azul, una especie de bolsa de tela que le cubría el rostro y me dijeron que me sentara. A partir de entonces esa fue mi posición durante más de diez días.

Desde mi llegada comenzaron a interrogarme. "cómo te llamas, dónde trabajas, cómo se llaman tus padres, cuántos hermanos tienes, dónde vives, cuál es tu número telefónico, de quién es el carro que traes, de quiénes son los otros coches en que llegabas a la obra, cuántas casas tienes, cuántos autos..."

Ellos no sabían, que a veces llegaba en el auto del dueño de la obra, o del otro arquitecto o de amigos o ingenieros arquitectos que tienen obras en Morelos y que veníamos juntos en un solo coche para ahorrar gastos; a lo mejor pensaron que todos eran míos.[13]

El martes 6 de junio de 1995, en el fraccionamiento Lomas de Cuernavaca, dos secuestradores que portaban uniformes de la policía estatal, persiguieron y atraparon a su víctima cuando éste trató de librarse de ellos.

La víctima, al ver que iba a ser secuestrado, trató de fugarse de los plagiarios quienes le dispararon en varias ocasiones, lo que alertó a los vecinos del lugar sin que pudieran hacer nada. La víctima, al introducirse en una propiedad privada de dicho fraccionamiento, fue alcanzada por los plagiarios, quienes con golpes lo obligaron a abordar en una Brasilia o Caribe blanca[14] que se dio a la fuga.

De este hecho, nunca hubo una denuncia ni se supo el nombre del plagiado.

Morelos, lugar de los capos del secuestro

A pesar de la negativa de las autoridades, el estado de Morelos vivió un fenómenos que solo se había dado con los narcotraficantes; Los jefes de las bandas de plagiarios se

---

[13] Ídem.
[14] La Secretaría de Seguridad Pública no pudo establecer el tipo de vehículo.

convertían en capos[15] y sus pequeños grupos crecían y pactaban con otros grupos hasta convertirse en cárteles[16] que interactuaban con otros de distintos estados.

En muchos casos los reclusorios fueron los lugares por excelencia donde se conocían, en otros, cantinas y tugurios.

Cada elemento de la banda desempeñaba un rol específico que a la larga lo hacía un especialista. Muchos iniciaron como *"custodios"*, posteriormente ascendían y formaban parte de los *"grupos de inteligencia"* hasta llegar a ser jefes de una célula o su propia banda.

La anarquía fue tal que Jorge Morales Orañegui, padre de quien fuera gobernador interino del estado,[17] sufrió por segunda vez un secuestro. En esta ocasión no fue la guerrilla quien lo capturó, sino la delincuencia organizada que trabajaba a sus anchas y en total impunidad. Quizá por esto, a sabiendas de la poca seguridad que les podían ofrecer las corporaciones policíacas, la familia Morales Barud, optó por no denunciar el plagio.

Lo mismo sucedió con varios personajes de la política, finanzas o simplemente con un modo modesto de vida tales como Manuel Tovar Ángeles, industrial y empresario; Barnardino Salgado Leguízamo, tío de Hugo Salgado Castañeda;[18] Miguel Ozaeta Álvarez[19] y de los empresarios e inversionistas Adolfo Deguer Rodríguez y Ramón Trespalacios.[20] Las cantidades pagadas por cada uno de los plagiados oscilaban entre uno y seis millones de pesos.[21] En todos los casos, ninguno de éstos presentó denuncia alguna.

De igual forma, varios nombres y apellidos conocidos aparecieron en las notas periodísticas de los secuestrados, tales como: Rubén Pacheco, dueño del Hotel Dorados de Oaxtepec; Ana María Turati, dueña de una óptica; el pastelero Erick Winzer; tres sobrinas del exsecretario de Hacienda, Antonio Ortiz Mena y los dos dueños del balneario Exhacienda de Temixco, entre muchos otros.

Pero, ¿cómo es que estaban conformadas estas bandas de secuestradores para poder delinquir a sus anchas por todo el estado? De acuerdo al modo de operar de los secuestradores a escala nacional y en especial en Morelos, se aprecia que empezaban a conformarse en células, con la finalidad de dificultar la acción policíaca. Por lo general los

---

[15] Del italiano *capo*, cabeza, aplicado a los jefes de la mafia y usado para referirse a personas con poder y prestigio o muy entendida en una determinada materia. Real Academia Española. http://www.rae.es

[16] Del alemán Kartell y se refiere a toda organización ilícita vinculada al tráfico de drogas o de armas y en cuestiones económicas a los convenios entre varias empresas similares para evitar la mutua competencia y regular la producción, venta y precios en determinado campo industrial. Real Academia Española. http://www.rae.es

[17] Jorge Morales Barud, fue presidente municipal de Puente de Ixtla en el periodo 1991-1994 y el 18 de mayo de 1998 sustituyo al entonces gobernador Jorge Carrillo Olea

[18] Exsecretario general de Gobierno.

[19] Comerciante y distribuidor de abarrotes de la zona sur de Morelos y norte de Guerrero.

[20] Empresario del ramo de la panadería.

[21] GUERRERO Garro, Francisco y VENEGAS, Juan Manuel. De 94 a 97, casi 400 secuestros en Morelos. Periódico La Jornada, México, 23 de mayo de 1998.

integrantes de una célula no conocían a los elementos de las otras, es por eso que al ser aprehendido alguno de ellos, no podía dar información sobre la identidad de los otros miembros.

De acuerdo a la mayoría de los casos, el mínimo de integrantes por cada banda constituida es de seis a ocho participantes donde cada uno desempeña labores específicas.

La estructura en cada banda profesional del secuestro tiene un esquema básico y está constituida de la siguiente forma:

Estratega o autor intelectual

Encargado de obtener y suministrar la información del candidato a secuestro a la banda delictiva. Cerebro de la operación y no se debe de hacer nada sin su consentimiento. En la mayoría de los casos es quien provee de armas y vehículos robados.

Suele seleccionar a su víctima principalmente por su capacidad económica o por la importancia que ejerce en la vida pública, así como la facilidad que represente para la ejecución del plan. Generalmente escoge personas de sexo masculino y adultas, ya que se encuentran más preparadas para enfrentar peligros y se adaptan rápidamente a la situación.

Una vez que el "*grupo de inteligencia*" le a proporcionado la información sobre la víctima, establece el plan para secuestrarlo, el mismo que generalmente contiene:

Día y hora

Lugar del secuestro

Número de participantes y sus funciones

Vehículos y armas necesarias

Lugar de reclusión del secuestrado

Ruta de escape y acceso al lugar de reclusión

Manera de avisar a los familiares

Suma de dinero a exigir

Tiempo y particularidades de la negociación

Lugar para la entrega del dinero

Lugar para la liberación del secuestrado

Actividades inmediatas a la conclusión del trabajo.

Día:

Depende de las posibilidades observadas en la preparación del plan; por lo general escogen los días hábiles intermedios.

Hora:

En las áreas urbanas son seleccionadas las horas nocturnas, concretamente al término de la jornada de trabajo, o en las primeras horas del día. Ambos aspectos les ofrecen mayor seguridad a la operación, por cuanto hay menos posibilidades de ser observados por los transeúntes y existe tendencia en la víctima para el descuido.

Lugar:

Suelen seleccionar lugares que por su soledad, obstáculos, adecuadas vías de escape y otros factores no presente mayores problemas para la realización del plagio.

Patrocinador.

En Muchos casos, el estratega y el patrocinador son la misma persona. Tiene como función el proveer los recursos necesarios para llevar a cabo la operación. El patrocinador suele ser algún político que busca beneficiarse con el plagio o estar inscrito en algún cuerpo de seguridad, por lo que posee una buena posición socio-económica o los contactos necesarios para poder recurrir a las personas más indicadas.

Grupo de inteligencia.

Una vez que el estratega decide quien será el secuestrado, el grupo de inteligencia vigila, recolecta e informa al estratega por más de dos semanas (en promedio) datos sobre el candidato a secuestro. Dichos datos cubren los siguientes puntos:

Dirección de su hogar.

Hora de salida y llegada a su casa.

Ubicación donde labora.

Hora de ingreso y salida.

Ruta de desplazamiento entre su hogar y lugar de trabajo.

Estacionamiento(s) que frecuenta.

Trayectos que suele recorrer a pie.

Lugares que acostumbra visitar, así como los días y horas.

Personas que normalmente lo acompañan.

Posesiones y capital representado.

Facilidad en la obtención del dinero líquido, ya sea con venta de propiedades, créditos bancarios o préstamos de terceros.

Grupo de aprehensión o "levante"

Una vez que han recabado la información necesaria, un comando armado entra en juego. Dicho comando es el encargado de capturar a la(s) victima(s) y trasladarla(s) al lugar previamente destinado para su cautiverio.

Normalmente, los integrantes de este comando tienen un gran historial delictivo y conocen bien el área donde realizan la captura y escape en caso de ser detectados por las autoridades.

Entre las formas más usadas para capturar al candidato a plagio, se destaca:

La simulación de un accidente automovilístico que obstaculice la vía o afecte al candidato a plagio, para que éste baje de su automóvil y se acerque al del *"grupo de levante"*

En muchos casos el vehículo es interceptado y se obliga al pasajero a parar.

Al momento de subirse o bajarse de su vehículo, el *"grupo de aprehensión"* entra en juego

Poniendo un obstáculo que lo obligue a detenerse. En zonas rurales suelen poner piedras a mitad del camino o troncos de árbol.

En algunos casos, aunque no suele ser común, uno de los plagiadores suele subirse previamente en la parte trasera del automóvil del secuestrable y así, sorprenderlo

En caso de ganaderos o campesinos adinerados los secuestradores entran en acción cuando se encuentra inspeccionando su propiedad.

Grupo de vigilancia o custodios:

Son los de más bajo rango dentro de la estructura delictiva, algunos les llaman *"los desechables"*, los capos les pagan entre mil o dos mil pesos por cada plagio, normalmente son tres sujetos que vigilan y cuidan a la víctima en *"las casas de seguridad*".[22] Es normal que uno de ellos sea mujer con ciertos conocimientos en enfermería con la encomienda de alimentar, mantener sedado y curar al plagiado.

Cuando se llegan a dar operaciones de rescate por parte de la policía o algún otro cuerpo de seguridad, son estos los que suelen ser capturados o muertos en caso de un enfrentamiento.

Negociador:

Encargado de negociar la liberación de la(s) víctima(s), presionar psicológicamente y recoger el dinero acordado.

Posee gran conocimiento sobre como llevar un secuestro y las medidas de seguridad que debe cuidar, para evitar ser identificado o dejar pistas que ayuden a las autoridades a dar con la banda

Su participación por lo general se da una vez que se ha consumado el delito y cuando el plagiado se encuentra en alguna de "*las casas de seguridad*". De inmediato "*el negociador*" se comunica con algún allegado del secuestrado para exigirle inicialmente una cantidad de dinero que, conforme avanzas las negociaciones llegan a rebajarse incluso en un 70 u 80 por ciento.

Su forma de comunicarse con los allegados por lo regular es vía telefónica, aunque suele darse también a través de escritos (cartas) y mensajes cifrados en los periódicos o programas radiales

---

[22] Las casas de seguridad suelen ser cuartos pequeños y oscuros en algún despoblado o suburbio rural, con la finalidad de limitar el movimiento del secuestrado, evitar que éste identifique a los custodios y garantizar un aislamiento y neutralización de alguna acción de la víctima. La incomodidad de las casas de seguridad es un factor psicológico que contribuye al rápido pago del rescate. La alimentación administrada con la única finalidad de mantener vivo al plagiado, suele ser a base de enlatados, panes y agua

Capítulo II

Agentes policíacos y sociedad civil

Caso Darío Lugo Sánchez

La historia del primer director de la Policía Judicial durante el mandato de Jorge Carrillo Olea tiene un trágico final. El pocas veces deseable. Morir en manos de un criminal y peor aun cuando se trata de uno inexperto. Ese fue el caso de Darío Lugo.

Darío Lugo Sánchez, director de la Policía Judicial y especialista en operativos antisecuestros, se involucró en el caso del plagio de Jorge Coghland el lunes 10 de abril de 1995 al ser notificado a través de varias llamadas anónimas que denunciaron un secuestro en el fraccionamiento Santa Fe. Sin más detalle por parte de los informantes, dio ordenes a un grupo de elementos judiciales para que se trasladaran hasta el lugar a recabar información y comprobar la veracidad de la fuente. Mientras tanto, la familia Coghland se ponía en contacto con el grupo antisecuestros de Morelos.

Los secuestradores

En la mayoría de los casos, los cerebros o autores intelectuales de los plagios suelen ser individuos con un largo historial delictivo no necesariamente en secuestros. Ese fue el caso de Armando Acevedo Jiménez, con más de 27 automóviles robados, desvalijados y vendidos en partes[23]

Acevedo Jiménez, después de haber visto un programa de la serie "Misterios sin Resolver" se inspiró para realizar un plagio, solo había un problema, aun no tenía al candidato a secuestrado. El día llegó cuando, invitado por Alejandro Villar a trabajar como limpiador de albercas, conoció la propiedad de la familia Coghland.

> ...Fui a ver una chamba que me ofrecían de limpiador de albercas en el fraccionamiento Santa Fe. Alejandro Villar y su papá son los encargados de todo el condominio y el hijo me llevó a ver las casas porque tiene permiso de entrar a todas...

> ...Quedé impresionado cuando llegamos a la casa del dueño del fraccionamiento, tiene una casota y varios coches; un Mercedes Benz, un Corvette, una Harley...[24]

---

[23] Según consta en la declaración de Luis Arturo Zapata.
[24] CASTILLO, Jesús. Una "puntada de principiantes" ocasionó la muerte de Darío Lugo. Diario La Unión de Morelos. Cuernavaca, 21 de abril de 1995.

Días después, Acevedo Jiménez, se puso en contacto con su amigo de 20 años de edad, Arturo García Zapata, para contarle sus planes del plagio, invitarlo y fijar el monto del rescate.

Con la intención de juntar dinero para irse a vivir a otra ciudad y dejar por completo el Centro de Lenguas Extranjeras de la Universidad Autónoma del Estado de Morelos, el sobrino del actor Martín Zapata e hijo de un prominente empresario y arquitecto, aceptó ser partícipe en el plagio.

En ese momento, decidieron invitar a Ricardo Arroyo Sánchez y Alejandro Villár Díaz, para que fungieran como custodios del secuestrado con la proposición de darles una parte del monto obtenido.

El Plagio

Después de observar los movimientos que realizaba Jorge Coghland Cumbre, copropietario del fraccionamiento Santa Fe, los delincuentes acordaron plagiarlo el 4 de abril. Jorge Coghland se ausentó ese día y frustró los planes de Acevedo Jiménez.

Una segundo intento fue realizado al medio día del 9 de abril. A bordo de un Sedan:[25] Luis Arturo García, Armando Acevedo y Ricardo Arroyo intentaron ingresar al fraccionamiento bajo el pretexto de ver a su amigo Alejandro Villar. Ese día, la operación tuvo que ser abortada, debido a la negativa de un vigilante de la primera de tres casetas, de dejarlos pasar sin una identificación previa.

De acuerdo a sus testimonios, tuvieron que cambiar de técnica y usar una más arriesgada: saltar por una de las grandes bardas del fraccionamiento e introducirse en la casa de Jorge Conghland por la ventana de la cocina y sacarlo a punta de pistola. Así lo hicieron.

Escondidos en los asientos traseros de un Mercedes Benz propiedad de la familia Coghland, obligaron a Jorge a manejarlo mientras salían del fraccionamiento. Los tres secuestradores llevaban ocho pistolas de distintos calibres y varios relojes que momentos antes habían logrado sustraer de la propiedad de la familia Coghland.

Inmediatamente y sin ningún contratiempo, Jorge Coghland fue llevado al taller mecánico de Armando Acevedo, ubicado en la calle de la Estación 44-B en Cuernavaca. Atado y con amenazas fue obligado a llamar a su casa por un teléfono celular para pedir el rescate. Tres millones de dólares fue el monto inicial exigido a su hijo, Jorge Coghland Zariñana.

Después de la primer llamada, siguieron otras más. Las exigencias y amenazas de matar al empresario eran una constante. La cantidad de tres millones de dólares se fueron reduciendo hasta terminar en una cantidad pagable: cuatro millones de pesos.

---

[25] El Sedan Volkswagen con placas RAW-055, estaba en investigaciones ya que presumiblemente era robado

Mientras tanto, Jorge Coghland, en estado depresivo agudo solo era alimentado a base de cigarros y agua. Los plagiarios, alterados por la presión de un secuestro y debido a su inexperiencia, amenazaban y golpeaban al empresario.

El miércoles 12 de abril, fue el día pactado para la entrega. A bordo de un New Yorker, dos de los plagiarios fungieron como "recogedores". La primer llamada de ellos fue realizada con un celular desde el fraccionamiento Burgos en Temixco, Morelos.

La negociación y el enfrentamiento

Jorge Coghland Zariñana, había acordado con los plagiarios ir acompañado de su tío Javier, quien en realidad era el comandante Darío Lugo, y que ambos estarían armados para evitar ser sorprendidos por "bajadores".[26]

El pago del rescate se entregaría a bordo de una Suburban de color blanco, tripulada por Jorge Coghland y su "tío Javier". Escondidos en la parte trasera del vehículo, se localizaban dos agentes judiciales entrenados en técnicas antisecuestros; Martín Landa Herrera y Víctor Hugo Mejía Topete.

La línea del celular de Jorge Coghland permaneció abierta desde que salieron del fraccionamiento Santa Fe por órdenes de los secuestradores. A la altura de la colonia el Polvorín de Cuernavaca, los plagiarios decidieron apagar los teléfonos para poder cargar las baterías, esto fue aprovechado por el comandante Lugo para dar por última vez su ubicación a la central de la Policía Judicial.

Jorge Coghland y el comandante Darío Lugo se adentraron en la ciudad de Cuernavaca, por ordenes de los delincuentes, en la calle Amatzinac de la colonia Vista Hermosa se detuvieron. Armando Acevedo da indicaciones a Jorge Coghland por el celular de sacar el dinero y ponerlo frente al New Yorker, el cual, mantenía el motor encendido y las luces altas para evitar la visibilidad de los ocupantes de la Suburban.

> Salgan con las manos en alto y tiren las armas, fueron las órdenes de Armando Acevedo mientras los apuntaba con una pistola[27]

Protegido por Acevedo Jiménez, García Zapata se apresuró a recoger el dinero. Al observar al "tío Javier" se percató que en realidad era el comandante Darío Lugo y accionó su arma .9 mm contra él hiriéndolo de muerte. Antes de caer, el comandante sacó una metralleta y la accionó sin poder acertar contra su objetivo.

En ese momento, se encontraban posicionados en puntos estratégicos de la Suburban los agentes Landa Herrera y Mejía Topete, quienes, al escuchar las detonaciones abrieron fuego contra García Zapata y Acevedo Jiménez, el primero fue herido en una pierna, mientras que su compañero perdía parte de su oreja al rozarle una bala.

---

[26] Grupo de personas que se dedica a robar el dinero de los rescates.
[27] Expediente 131/95 de la Procuraduría General de Justicia del Estado.

Los dos "recogedores" abordaron de inmediato su vehículo, mientras recibía varios proyectiles de bala y huyeron a toda velocidad efectuando disparos contra los agentes policíacos. Con una llanta ponchada y el radiador agujerado, el vehículo junto con el dinero del rescate fueron abandonados en un callejón.

> Intentamos llevarnos el veliz pero estaba muy pesado, tampoco pudimos abrirlo
> para llevarnos algo de dinero, por lo que lo dejamos ahí tirado.[28]

Debido a la imposibilidad de García Zapata de caminar, decidieron que permanecería escondido en una obra en construcción, mientras Acevedo Jiménez iba a traer su Wolkswagen y así, trasladarlo a una clínica privada donde sería atendido.

Solo y débil por la sangre que estaba perdiendo, García Zapata fue sorprendido por el velador de ese lugar quien le apuntaba con una arma, y le ordenaba que se retirara. "No hay problema, nomás vine a orinar", fue la respuesta de García Zapata, palabras que fueron interrumpidas por la detonación del arma del velador y la pronta huida del secuestrador.

Nervioso y desangrándose, toma un taxi con dirección al taller de Armando, pero, al no ver el Wolksvagen de éste decide trasladarse a su domicilio en Ciudad Chapultepec.

Con el argumento de haber sido víctima de un asalto, solicitó a sus familiares que lo llevaran al Hospital Morelos.

> Estaba en la sala de rayos X de donde me sacó la policía, me llevaron a la patrulla
> y los llevé al taller de Armando, donde tenían al secuestrado, después me llevaron
> a la Cruz Roja y después al Hospital Civil"[29]

Con García Zapata como guía, la Policía Judicial en un rápido operativo rescató a Jorge Coghland y detuvo a Ricardo Arroyo y Armando Acevedo, quienes no pusieron resistencia al ver a los judiciales rodeándolos.

En esos momentos, en un hospital del Distrito Federal, daban por oficial la muerte del comandante Darío Lugo Sánchez a causa de la ojiva calibre 9 mm que penetró en su cuerpo.

Días después, el director del Hospital General de Cuernavaca, José Luis Magdaleno, informó a los medios de comunicación que a García Zapata le sería amputada su pierna izquierda al fallar las tres intervenciones quirúrgicas hechas con el objetivo de reconstruirle las venas y arterias desechas por la bala durante el enfrentamiento con los judiciales.[30]

---

[28] Idem
[29] CASTILLO, Jesús. "Sí realicé el disparo porque nos engañaron", confiesa Luis. Periódico La Unión de Morelos. Cuernavaca, 23 de abril de 1995.
[30] CASTILLO, Jesús. Lo reconocieron. Periódico La Unión de Morelos. Cuernavaca, 18 de abril de 1995.

16

Los secuestradores, fueron puestos a disposición del juez Tercero de lo Penal, quienes les dictó auto de formal prisión por su presunta responsabilidad en los delitos de homicidio calificado, privación ilegal de la libertad en su modalidad de secuestro, asociación delictuosa, acopio de armas de fuego, portación de armas de uso exclusivo del Ejército y Fuerza Aérea, robo calificado a casa habitación y vehículo.[31]

Samuel Sotelo Salgado, juez tercero de lo penal sentenció a Arturo García Zapata y a Armando Acevedo a 35 años de prisión, mientras que a Ricardo Arroyo y Alejandro Villar les dan 16 y 22 años de cárcel respectivamente.

Dos años después, el Tribunal Superior de Justicia le reduce la sentencia de 35 a 22 años a Armando Acevedo, mientras que Luis Arturo García Zapata se ve beneficiado con una sentencia de 30 años de prisión.

Las Cinco hipótesis

Cuatro meses después del asesinato del comandante Darío Lugo Sánchez, se manejaron cinco líneas de investigación, algunas, fueron desechadas el mismo día que nacieron y otras quedaron sin ser esclarecidas satisfactoriamente.

Primera hipótesis: surge unas horas después del asesinato del comandante, cuando Carlos Peredo Merlo, procurador general de justicia del estado se refirió al caso como un enfrentamiento de Darío Lugo contra una peligrosa banda de secuestradores. La declaración precipitada provocó polémica al demostrarse que los orificios de proyectil que presentaba la camioneta Suburban provenían de adentro hacia fuera y por la parte trasera, lo que resultaba poco sustentable la versión de la persecución. Incluso, en está hipótesis se vinculaba al actor Martín Zapata como parte de la estructura delictiva de la organización.

Segunda hipótesis: Sustentada por Martín Landa y abalada por la familia Coghland. De acuerdo a esta versión de los hechos, el comandante Darío fue herido de bala cuando Luis Arturo García Zapata lo reconoció, ya que éste había visto algunas fotos de él en los periódicos. Como fue trasladado de urgencia al Hospital del IMSS y posteriormente al Distrito Federal donde murió minutos después.

Tercera hipótesis: Esta hipótesis se centra en las declaraciones ministeriales de Luis Arturo y Armando Acevedo, la cual, habla de su inspiración del plagio al ver una serie de televisión llamada "Misterios sin resolver", desechando la teoría de la autoría de una banda de secuestradores profesionales. La detonación del arma de García Zapata al darse cuenta que se trataba de una trampa.

Cuarta hipótesis: Ésta, nace desde el interior de la Policía Judicial y es sustentada por César Aníbal Jiménez, quien fuera asistente del comandante ultimado. De acuerdo a esta hipótesis, todo conduce que el comandante fue víctima de un complot ya que el calibre de la bala extraída al comandante coincide con el arma que portaba en ese momento Martín

---

[31] ORTIZ, Gerardo, GÓMEZ, Sergio. Se espera la consignación de más involucrados en el asesinato de Darío Lugo. Periódico La Unión de Morelos. Cuernavaca, 18 de abril de 1995.

Landa, lo extraño del cambio de frecuencia de los radios y que a Darío Lugo no se le realizó la necroscopia de ley.

Quinta hipótesis: De acuerdo a las investigaciones realizadas por la defensa de los plagiarios, se habla que estos repelieron el ataque iniciado por los elementos judiciales. Jorge Coghland, al entregar el dinero corrió hacia atrás de la Suburban para protegerse, ya que los policías habían acordado iniciar el ataque en ese momento. Según esta versión, Darío toma su metralleta antes de que Zapata le disparara

Versión de Jorge Coghland

Cinco días después de haber sido liberado, Jorge Coghland apareció ante los medios de comunicación y narró su estancia en la "casa de seguridad".

...Me tuvieron a oscuras, amarrado primero con cinta adhesiva, boca abajo, en una colchoneta que estaba en el suelo y la cinta atada a una argolla empotrada en la pared...

...Al tercer día me avisaron que iba a hacer el intercambio, que me iban a liberar, lo cual siempre dude por la violencia y los descuidos de los secuestradores, pues ya les había visto la cara...

...Una hora después oí muchos ruidos violentos y entró uno de ellos, otro se quedó cuidándome, pero siempre me apuntó con la pistola en la cabeza. Para esto ya la luz estaba prendida cuando irrumpió en el pequeño cuarto uno de los delincuentes, sin capucha, ensangrentado con una herida en la oreja. Por supuesto tuve la certeza de que me iban a matar, ante las amenazas continuas, prisas por levantarme, sacarme del carro y subirme a otro vehículo. Ya los secuestradores no iban encapuchados, era un completo descuido...

...En ese momento llegó el comandante Martín Landa Herrera y me liberó.

Versión de Landa Herrera

Antes de ser nombrado director interino de la Policía Judicial, Martín Landa Herrera narra su versión de los acontecimientos que tuvieron como desenlace la muerte de su compañero y jefe Darío Lugo Sánchez.

El día jueves de la semana pasada, el comandante Darío me citó en su oficina urgentemente. Al llegar, él me comunicó que un señor de apellido Coghland se encontraba secuestrado y que íbamos a montar un operativo para detener a los secuestradores.

A las diez de la noche de ese mismo día me llamó nuevamente por teléfono y me citó en el fraccionamiento Santa Fe, cerca de la caseta de cobro de Alpuyeca. Me dijo que llevara conmigo otro elemento más, para montar el operativo.

A las 11:00 de la noche se recibió una llamada y le dijeron a Jorge Coghland hijo que estuviera listo en un vehículo y con el dinero. "Empiézate a mover, le dijeron, ya te daremos instrucciones".

El comandante Darío se subió en una Suburban en la parte derecha del copiloto, aparentando ser un miembro de la familia, pues los secuestradores habían aceptado que fueran dos familiares a entregar el rescate.

El chaleco antibalas del comandante se lo quitó él y se lo dio para que se lo pusiera Jorge Coghland.

Casi al salir, a los dos o tres minutos de estar en circulación vuelve a sonar el celular y le dicen: dirígete hacia México y nos enfilamos sobre la autopista.

Al llegar al lugar conocido como el Polvorín le preguntaron: qué vehículo llevas. Les contestó: una Suburban color azul, nueva. Bien –le dicen-, desde este momento ya no cuelgues el celular, y no cortes la llamada.

Seguimos avanzando sobre la autopista. Las indicaciones eran en el sentido de manejar a 110 (kilómetros por hora), después a 90, así fue sucesivamente hasta llegar a la desviación en donde está el centro comercial K Mart. Ahí se indicó que saliéramos a la derecha, aminorar la velocidad, y doblar a la izquierda.

Para ese momento el comandante Darío baja su mano izquierda y me palpa la pierna, me hace así, con el dedo pulgar izquierdo me señala hacia atrás, para indicarme que alguien nos venía siguiendo, con las luces altas.

Llegamos a la calle Río Mayo en donde nos dicen por el celular hacer alto total. Se para la Suburban y ellos atrás inmediatamente a dos o tres metros cuando mucho, con las luces altas. Lo primero que escucho que dicen es: tiren las armas. Y esta instrucción se la dan porque el señor Coghland momentos antes había informado que él y su acompañante Darío Lugo que supuestamente era hermano del secuestrado estaban armados.

Tiran las armas a los lados, previamente descargada, y les dicen: abran las puertas y desciendan. Lo hacen y reciben la orden de abrir la puerta trasera y sacar el dinero.

Se ponen en la parte de atrás, el señor Coghlan abre la cajuela del maletero de la Suburban, el comandante sube la parte superior.

Se baja uno de ellos, el que iba de copiloto y ahora sabemos se llama Luis García Zapata, y se acerca a recoger la maleta. En ese momento le dispara al comandante Darío, casi seguramente porque lo reconoció.

Cuando escuchamos el disparo, nos incorporamos y lo veo claramente con la pistola apuntándole. El comandante Darío saca su metralleta y hace unos disparos, ocho o diez tal vez en ráfaga, pero ya herido, los hace cuando va cayendo y los impactos quedan en el piso; no hiere al que disparó, porque estaba prácticamente cayendo.

En esas fracciones de segundo abro la puerta, yo estaba dando la espalda al volante y viendo por el medallón del vehículo que tenía enfrente.

Para ese instante en que yo voy viendo la silueta que se va poniendo en ese lado, abro la puerta y me pongo en el piso al lado de la llanta trasera de la Suburban, lo tenía en línea de fuego, le hago dos disparos, cae inmediatamente.

En esos segundos, en lo que yo veo a la silueta que le dispara al comandante Darío, el otro agente se levanta, ya estaba levantado de su lugar y ve la silueta de otro delincuente en el interior del vehículo. Entonces desde adentro de la Suburban él hace disparos en contra del vehículo y logra herir al conductor en la oreja.

Al que yo le disparé, arrastrándose se regresa otra vez a la posición de copiloto deduzco porque ya no lo veo yo, ya no estoy en el ángulo... sube la maleta en la parte trasera del coche y arranca a toda velocidad.

En esa situación el otro agente ya estaba auxiliando al señor director para subirlo a la camioneta. Regresé corriendo y entre los dos subimos al vehículo, conducía el otro agente.

Nos damos la vuelta inmediatamente y salimos a alta velocidad viendo una huella de agua que estaba dejando el coche. Seguimos el rastro de agua, en unas dos cuadras. El comandante Darío me decía: Tírame aquí, tírame aquí y alcánzalos. Yo le decía: no, aguante jefe, aguante.

Por la gravedad de la herida le doy instrucciones al agente para que se olvide de la persecución y que nos vayamos inmediatamente al hospital más cercano que ahí conociera. Entonces me dice que al Seguro Social. Para esos momentos ya habíamos abierto el radio y pedíamos auxilio al resto de las unidades que participaban en el operativo.[32]

Nuevo director y permanente corrupción

[32] GÓMEZ, Sergio. Así fue la muerte de Darío Lugo Sánchez. Periódico La Unión de Morelos, Cuernavaca, 17 de abril de 1995.

Según informes de distintas organizaciones no gubernamentales, al quedar Martín Landa Herrera al frente de la dirección de la Policía Judicial, una serie de hechos lo vincularon en forma directa con las bandas de secuestradores.

Varios de sus agentes judiciales de igual forma se vieron inmersos en casos de secuestros y homicidios. Uno de estos casos fue el plagio efectuado el 23 de julio contra Francisco Gerardo Reséndiz cuando circulaba a bordo de su vehículo por la carretera federal Cuautla-Yautepec.[33]

Francisco Reséndiz Carreño, padre del afectado, al pagar el rescate y ver que su hijo no era liberado contrató al investigador Dagoberto Torres Palma, quien, para dar con el paradero del joven Reséndiz unió fuerzas con los comandantes de la Policía Judicial Eduardo Pliego y Javier Rueda Flores, y el agente Miguel Ángel Esquivel.

La presencia de Torres Palma causó molestia entre los agentes judiciales quienes en varias ocasiones se negaron a colaborar junto al investigador privado. Molestos por el actuar de los agentes judiciales, representantes de organizaciones no gubernamentales y familiares de desaparecidos por secuestro exigían la intervención del presidente Ernesto Zedillo en Morelos para lograr restablecer el estado de derecho.[34]

Referente a la negativa de las autoridades judiciales en el trabajo con Torres Palma, el exdiputado federal Saturnino Solano Pérez, reclamó ante los medios de comunicación.

> La negativa oficial de admitir la presencia de un investigador privado puede ser elemento suficiente para estimar que alguna figura de las estructuras judiciales podría estar metida en los sucesos, de otra manera no se explicaría tal desprecio por dos vidas jóvenes[35] que, para nosotros, esperemos que aun estén con vida, aunque los hechos ocurrieron en julio pasado.[36]

Sobre las investigaciones de Reséndiz, Torres Palma dice:

> Iniciamos la investigación, pero llegó un momento en que yo mismo descubrí que Miguel Ángel Ocampo Cristino, dueño de los hoteles Hacienda del Río Madero, formaba parte de una bien organizada banda de secuestradores. Como yo trabajaba de manera coordinada con los agentes asignados al caso, comenté a los comandantes Rico y Pliego que había localizado a uno de los plagiarios, quien era propietario de hoteles y una gran cantidad de tlapalerías, pero que no encontraba la manera de detenerlo; así que nos pusimos de acuerdo.[37]

---

[33] Averiguación previa SC/7502/9607 y SC/9000/95-09
[34] CABAL, Alfonso. Solicitarán apoyo presidencial familiares de secuestrados. Periódico La Unión de Morelos, Cuernavaca, 29 de diciembre de 1995.
[35] Refiriéndose a los secuestrados Francisco Reséndiz y Gerardo Ocampo.
[36] ALCARAZ, Daniel. Insiste el Grupo Cuautla. Periódico La Unión de Morelos, Cuernavaca, 31 de diciembre de 1995.
[37] GÓMEZ, Sergio. Escándalo por el involucramiento de judiciales con una banda de secuestradores. Periódico La Unión de Morelos, Cuernavaca, 4 de octubre de 1995.

Una de las primeras cosas que se le hicieron sospechosas sobre el actuar de los judiciales fue al momento de detener a uno de los supuestos integrantes de la banda delictiva. Coordinados con el investigador privado, los agentes acordaron que entrarían por Miguel Ángel Ocampo al momento que éste le prestara dinero.[38]

Llegaron encapuchados y metieron al presunto delincuente a un auto; luego se marcharon a toda prisa del lugar. De ahí comencé a sospechar, pues no encontraba la respuesta de por qué se habían puesto la máscara.[39]

Dos días después de los acontecimientos Torres Palma se comunicó con los agentes judiciales para cuestionarlos sobre la situación de Ángel Ocampo, "no aguantó y en el camino a Cuernavaca le dio un ataque cardiaco" fue la respuesta de uno de los agente. De inmediato, Torres Palma preguntó si ya se le había dado parte a la familia y tuvo como explicación una respuesta negativa.

No, ¿para qué? Si nosotros mismos lo enterramos, y sin tener el certificado de defunción.[40]

Los agentes judiciales, a sabiendas que Ángel Ocampo había muerto hablaron vía telefónica con los familiares haciéndoles creer que estaba secuestrado y que debían dar una fuerte cantidad por su liberación. Mientras tanto, el padre de Gerardo Reséndiz recibía una llamada telefónica de Martín Landa el 12 de septiembre, donde se le indicaba que su hijo había sido liberado. Todo era mentira.

Mire señor Reséndiz, le tengo buenas noticias, dele gracias a Dios de que su hijo está bien. Ya detuvimos a cinco secuestradores y confesaron que ellos secuestraron a su hijo, sólo falta uno por detener, Raymundo Arizmendi Rodríguez. Con esta detención se investigará a fondo y va a aparecer su hijo.

Al enterarse del proceder de los agentes, Torres Palma puso una denuncia por el delito de secuestro, mientras el padre de Gerardo Reséndiz Rodríguez hacía lo mismo.

En una improvisada rueda de prensa, el padre de Gerardo Reséndiz señaló al director de la Policía Judicial Martín Landa Herrera de saber sobre las conductas de Antonio Guzmán, jefe de una banda de secuestradores y su negativa a proceder contra éste con los argumentos de poner en riesgo su integridad y la de sus subalternos cuando fue llevado a uno de los domicilios del secuestrador.

Momentos después, en compañía de algunos representantes de organismos civiles, Reséndiz solicitó a Ernesto Zedillo, jefe del Ejecutivo y al Secretario de Gobernación

---

[38] La señal para entrar en acción los judiciales sería que Torres Palma le pediría dinero prestado a Ángel Ocampo.
[39] GÓMEZ, Sergio. Escándalo por el involucramiento de judiciales con una banda de secuestradores. Periódico La Unión de Morelos, Cuernavaca, 4 de octubre de 1995.
[40] Ídem

Emilio Chuayffet, la creación de una fiscalía especial para investigar las entrañas de la PJE, con la finalidad de:

> ...efectuar una investigación minuciosa, ya que dentro de la PJE se encuentran comandantes y agentes que integran una bien organizada banda de secuestradores, no descartándose que los jefes policíacos estén implicados en las mismas bandas.

> Lo más grave y peligroso es que llegan a privar de la vida a los secuestrados; al menos pueden estar implicados en 41 plagios. Los jefes de la banda son el director y subdirector de la corporación, Martín Landa Herrera y Armando Martínez Salgado. El procurador Peredo Merlo los protege a pesar de las denuncias en su contra.[41]

La oficina de Comunicación Social del Gobierno del Estado emitió el 3 de octubre el boletín 4204 donde señala la orden de aprehensión contra cinco agentes y la captura de tres bajo los cargos de homicidio y secuestro. En relación al caso Reséndiz, se puntualizó que murió en manos de Miguel Ángel Ocampo integrante de la banda "La Víbora", este último muerto en un ajuste de cuentas con Policías Judiciales.

Carlos Peredo Merlo, Procurador de Justicia del Estado, comentó sobre los agentes judiciales

> Todo lo realizado en más de un año de esfuerzo se vino abajo por la acción de seis malos policías judiciales, cinco de los cuales ya estaban cuando llegamos nosotros y son parte de los vicios que se vienen arrastrando de más atrás.[42]

En una de sus declaraciones ante el juez segundo de Cuautla, el agente judicial Lauro Gutiérrez Hernández[43] acusó a Javier Rueda Flores de quedarse con 240 mil pesos de los 300 mil que el padre de Francisco Gerardo Reséndiz había entregado por la liberación de su hijo.

Este hecho provocó que grupos de organizaciones no gubernamentales presionaran al gobernador Jorge Carrillo Olea para que actuara contra los elementos policíacos señalados como secuestradores y sicarios.

De inmediato se giró una orden de aprehensión contra Torres Palma bajo los cargos de secuestro contra Gerardo Reséndiz y Ocampo Cristino, a pesar de ser éste quien denunció a los agentes judiciales de encubrir a bandas de secuestradores.

En su celda del Centro de Readaptación Social de Cuernavaca, Torres Palma denunció.

---

[41] Ídem.
[42] CASTILO, Jesús. "Todo se vino abajo por seis malos policías": Peredo. Periódico La Unión de Morelos, Cuernavaca, 10 de octubre de 1995
[43] Gutiérrez Hernández fue detenido el jueves 5 de octubre bajo una orden de aprehensión por elementos judiciales de la zona oriente del estado.

La implicación de la Policía Judicial en los secuestros era un secreto a voces. Si hubiera las suficientes garantías, varios presuntos secuestradores, que yo conozco, dejarían al descubierto toda la red de complicidad que encabezó Martínez Salgado, protegido por Miyazawa y el procurador Peredo.[44]

El exagente de la Dirección Federal de Seguridad, concluyo

Martínez Salgado mandó en la Judicial. Nadie quiere hablar ni de la autoría de los plagios ni de la cocaína que consume la mayoría de los agentes judiciales del estado, porque tiene mucho miedo de morir o de que asesinen a sus familiares. Se atreverían denunciar ante alguna autoridad federal, por ejemplo, donde han quedado los millones de pesos de los rescates.[45]

El 23 de noviembre, Martín Landa Herrera envió una epístola al Procurador General de Justicia Carlos Peredo Merlo para solicitar licencia por tiempo indefinido

Por medio del presente me permito expresar a usted mi reconocimiento por la confianza que tuvo a bien depositar en mi, al nombrarme el pasado 17 de marzo del año en curso Director General de la Policía Judicial de la Procuraduría General de Justicia del Estado.

En esta alta responsabilidad me he desempeñado en todo momento con lealtad y entrega a mis tareas.

Como lo he venido analizando con usted, una serie de actos irregulares cometidos por elementos de la corporación -algunos de los cuales se encuentran formalmente presos y sujetos a proceso- dieron lugar a diversas interpretaciones que han afectado el prestigio y credibilidad en el trabajo de la Policía Judicial estatal y del que suscribe.

He reflexionado detenidamente sobre esta situación y considero conveniente a los superiores intereses del Gobierno del Estado y, particularmente, de la Procuraduría General de Justicia, solicitar a usted LICENCIA INDEFINIDA, en espero de que en un futuro próximo quede plena y debidamente transparentadas las situaciones diversas que hoy afectan a la Policía Judicial.

Agradezco cumplidamente la atención que sirva prestar a la presente.

La salida de Landa Herrera en ese momento le representó un salvavidas, que lo libró de investigaciones en su contra por los presuntos vínculos que mantenía con algunas bandas delincuenciales.

---

[44] ARANDA, Julio. Desde 1995 se involucró a los jefes policíacos de Morelos en los secuestros. Semanario Proceso, México, 16 de febrero de 1998.
[45] Ídem.

Miyazawa

Medios de comunicación y sociedad civil desviaron su atención al nuevo director de la Policía Judicial, Jesús Miyazawa quien pisó la Procuraduría General de Justicia como director de la Policía Judicial estatal el viernes 24 de noviembre

Al respecto el Procurador General de Justicia, Carlos Peredo Merlo, aseguró.

Es uno de los investigadores policíacos más destacados del país. Creemos que con su colaboración y participación en la institución podremos responder al reclamo de la ciudadanía frente a la situación tan grave que estamos viviendo en cuanto al desarrollo y crecimiento de la delincuencia, particularmente de la organizada.[46]

En ese momento, el militar retirado Jesús Miyazawa contaba con un historial de 35 años de carrera policíaca.

Fundador de la Dirección Federal de Seguridad en 1947 de la que fue comandante de agentes de la Policía Judicial y Territorios Federal, el nativo de Zapotitilc, Jalisco, tomó la subdirección general de la Policía Judicial en el Distrito Federal en 1973, puesto del que fue ascendido a director hasta 1983.

Un hecho ensombrecía el apellido Miyazawa a nivel nacional: Durante su dirección en la Policía Judicial del Distrito Federal en 1984, cinco de sus agentes secuestraron y torturaron en las oficinas de la PJ en la calle Topacio a un policía del Estado de México. Renato Sales Gasque, Procurador de Justicia en ese momento, exigió la destitución de Miyazawa y cinco de sus agentes.

La orden de Miyazawa era disminuir los índices delictivos que iban en aumento, tan solo en año y medio del gobierno de Carrillo Olea las organizaciones no gubernamentales[47] habían registrado más de 280 secuestros con una ganancia superior a los 100 millones de pesos.

Inconformidad

El tiempo avanzaba y los plagios no parecían disminuir a pesar de la retórica gubernamental de una baja en los índices delictivos. Los secuestradores se veían cada vez más fuertes e impunes a pesar del señalamiento directo de organismos civiles.

La Comisión Independiente de Derechos Humanos del Estado, en uno de sus balances anuales denunció.

---

[46] GÓMEZ, Sergio. Jesús Miyazawa, director de la PJ. Periódico La Unión de Morelos, Cuernavaca, 25 de noviembre de 1995.

[47] Comisión Independiente de Derechos Humanos, Comité de Derechos Humanos de la Región Oriente, Comisión de Derechos Humanos Don Sergio Méndez Arceo, Causa Ciudadana Cuautla, Frente Cívico Morelense, etc.

Carrillo Olea manifestó al asumir la gubernatura que una de sus prioridades sería garantizar la seguridad pública mediante la aplicación del "muro infranqueable de la ley". Dicha prioridad no solamente no se ha cumplido, sino que precisamente las políticas intolerantes y represivas, así como las complicidades y la impunidad con que actúan las diversas corporaciones policíacas han incrementado el clima de inseguridad prevaleciente en el estado de Morelos.

El gobierno del estado utiliza una lógica policíaca para enfrentar los conflictos políticos y sociales... Ha optado por la línea dura al nombrar a Jesús Miyazawa como director de la Policía Judicial del Estado, que tiene un historial bastante negativo y represor; además, violatorio de las garantías individuales y los derechos humanos. Vemos que no se dan pasos para combatir la delincuencia, sino para reprimir a la población.[48]

Semanas después, pobladores de once comunidades campesinas exigieron a las autoridades protección e investigación sobre ciertos anónimos que les exigían cantidades de mil a cinco mil pesos para evitar que fueran asaltados, agredidos o secuestrados,[49] razón por la cual, varios habitantes optaron por montar sus propios grupos de vigilancia con la consigna de ejecutar a quien fuera aprehendido en flagrancia.

Palo Blanco, Los Amates, Tlalayo, Joaquín Camaño, Telixtac y Quebrantadero[50]; así como Huajintlán, y Casahuatlán, del municipio de Amacuzac y La Tigra, El Estudiante, El Zapote y El Salto de Puente de Ixtla[51] son las once comunidades que se declararon inconformes ante la nueva modalidad de extorsión de secuestro a las clases campesinas.

Este tipo de conductas se empezó a generalizar por todo el estado, principalmente en la zona sur y oriente. La "psicosis del secuestro" se manifestaba en distintas conductas sociales iniciadas por personas que ya habían sido víctimas de la delincuencia o de aquellas que habían escuchado las crónicas de los afectados o medios de comunicación.

Ejemplo claro fue el número creciente de denuncias de comerciantes que al ver automóviles circular por sus calles llamaban a la policía pues temían que fueran "grupos de inteligencia"[52] de los plagiarios quienes circulaban en dichos vehículos.

A finales de marzo de 1996 un grupo de agentes de la Policía Municipal detuvieron a un automóvil negro sin placas, el cual, circulaba sin rumbo aparente. Al ser detenidos resultaron ser un grupo de jóvenes del Frente Revolucionario de Huitzilac que estaban

---

[48] ORTIZ, Francisco Pinchetti. Secuestros, asaltos, homicidios, linchamientos y descrédito de los cuerpos de seguridad. Semanario Proceso, México, 8 de abril de 1996.
[49] Notimex, 14 de enero de 1996.
[50] Limítrofes al estado de Puebla
[51] Comunidades campesinas contiguas al estado de Guerrero.
[52] Personas encargadas de investigar a candidatos a secuestro.

26

dando la vuelta para matar el tiempo. La familia que denunció tuvo que retirar los cargos y los jóvenes fueron puestos en libertad.

Caso similar fue el sufrido por un comerciante de materiales de construcción, quien al ver en las afueras de su bodega una camioneta negra con un individuo que fijaba su mirada en los movimientos que hacían optó por llamara a la policía. Los agentes llegaron en un par de minutos a la calle 5 de mayo, de la colonia El Empleado para interrogar al sospechoso. Con identificación de la misma corporación policíaca "el sospechoso" se retiró a pesar de no poder justificar su estancia en dicho lugar.[53]

Mientras tanto los casos de linchamientos por parte de pobladores demostró la poca credibilidad y confiabilidad que tenían las autoridades estatales. Ejemplos de ingobernabilidad se dieron en distintos lugares del estado.

El 19 de mayo de 1994, vecinos del poblado Marcelino Rodríguez, del municipio de Axochiapan, detuvieron a cuatro presuntos asaltantes y los asesinaron. Los ataron y arrastraron por el pueblo y finalmente los fusilaron en la plaza pública.

En Chalcaltzingo, el 19 de septiembre de 1994, tres sujetos que habían intentado secuestrar a tres niñas fueron linchados en la cancha de basquet del poblado por unos 200 iracundos lugareños. Luego les fue dado el "tiro de gracia" a los tres.

En diciembre de ese mismo año, en Hueyapan, un hombre que se apoderó de una grabadora como "cobro" a un acreedor, fue atado a un caballo, arrastrado y finalmente colgado en un arco del pueblo.

Unos 800 habitantes de Tepoztlán, armados con piedras y palos, protestaron por el intento de avalar en una "asamblea apócrifa" de comuneros, el 3 de septiembre de 1995, el proyecto de la construcción de un club de golf a la que se opone el pueblo. En el enfrentamiento hubo decenas de heridos y los tepoztecos mantuvieron secuestrados a cinco funcionarios estatales durante 30 horas.

Tres agentes judiciales que pretendían cumplir una orden de aprehensión contra un comunero acusado de despojo, fueron detenidos el 19 de octubre de 1995 por pobladores de Ahuehuetzingo, municipio de Puente de Ixtla, y a punto estuvieron de ser linchados.

El 11 de noviembre siguiente, en Xoxocotla, un sujeto acusado de haber violado y lesionado a una mujer fue linchado por una turba de más de mil vecinos en la cárcel municipal.

En Xoxocotla mismo, los pobladores decidieron desconocer al delegado municipal Marcelino Olea Patrana, acusado de complicidad con unos

---

[53] CASTILLO, Jesús. Sufre la sociedad morelense le "psicosis del secuestro". Periódico La Unión de Morelos, Cuernavaca, 16 de abril de 1996.

delincuentes, y organizar sus propias "rondas populares" de autodefensa, que son piquetes de civiles armados electos por la asamblea popular.

Habitantes de Tres Marías, Huizilac, incendiaron el 19 de noviembre de 1995 las oficinas de la delegación de la Policía Judicial y destruyeron dos patrullas, luego de que un agente hirió de dos balazos a un lugareño.

Y el 2 de diciembre, nuevamente en Tepoztlán, se libró un enfrentamiento entre priístas y miembros del CUT. Se suscitó una balacera y resultó herido de muerte Pedro Barragán. [54]

Justicia de ONG's

La psicosis era tal, que muchos temían que alguna asociación civil u organización no gubernamental apoyada por pobladores hiciera justicia por su propia mano, como meses antes había sucedido en la comunidad de Amilcingo, municipio de Temoac.

En esa ocasión el presidente de la Comisión de Derechos Humanos No Gubernamental de la Región Oriente (CDHNGRO), José Ortiz Martínez apoyado por unas 250 personas aproximadamente retuvieron a tres sujetos vinculados con el secuestro y asesinato de un vigilante.

Los hechos ocurrieron el 23 de octubre, cuando el vigilante de un vivero en Yecapixtla de nombre Emigdio Solís, con 24 años de edad fue reportado como secuestrado y encontrado muerto. Según pistas y testimonios, los presuntos culpables fueron Mario Maldonado Aragón, ayudante municipal de la colonia Aquiles Serdán del poblado de Yecapixtla y los hermanos Benito y Santos Jiménez Zavala.

Al ser denunciados a la Procuraduría, ésta respondió con una negativa de aprehensión, ya que "no existen pruebas que los señalen como los responsables de la desaparición del policía".

Estos hechos molestaron en gran medida a los pobladores de Amilcingo y simpatizantes de la ONG quienes acordaron hacer justicia por su propia mano.

José Ortiz Martínez y Norberto Ramírez Calzado, dirigentes de la CDHNGRO, en compañía de algunas cien personas de sus bases de apoyo y 150 pobladores que se les unieron posteriormente se dirigieron al modulo de seguridad y justicia con sede en Cuautla para estar al tanto de la declaración ministerial de parte de los plagiarios y asesinos.

Los presentes al darse cuenta del veredicto se enfurecieron de tal manera que tuvieron que hacerse justicia por su propia mano. Tal como lo narra uno de los presentes.

---

[54] ORTIZ, Francisco. En Morelos, pese a los militares en la policía, el general Carrillo Olea está perdiendo la guerra. Revista Proceso, México, 8 de abril de 1996.

Al darnos cuenta de que no fueron detenidos aún cuando existen las pruebas que los señalan como responsables del delito, la gente decidió aprehenderlos para llevarlos al poblado y enjuiciarlos.

Golpeados y a punto de ser linchados, los tres presuntos plagiarios-homicidas fueron llevados al poblado de Amilcingo, donde permanecieron vigilados por los pobladores enfurecidos en la cárcel local, mientras que familiares de Maldonado Aragón y los hermanos Jiménez Serdán acusaban penalmente a Ortiz Martínez por los delitos de privación ilegal de la libertad, daños en propiedad federal y lo que resulte.[55]

Días después, Ortiz Martínez, fue apresado y trasladado al Centro de Readaptación Social de Jojutla de Juárez, Morelos, donde permaneció por varios días hasta que fue liberado por un amparo definitivo.

Estos hechos fueron interpretados por muchos defensores de los derechos humanos y activistas de asociaciones civiles como un atentado contra los movimientos ciudadanos y a Ortiz Martínez como un preso político, ya que éste con sus investigaciones sobre los vínculos entre policías y secuestradores había puesto en aprietos a la Procuraduría General de la República.

La marcha del silencio

Desesperados por la situación fuera de control, grupos políticos, religiosos, organizaciones no gubernamentales y sociedad civil se dieron cita el lunes 22 de abril de 1996 para realizar lo que fue la primer marcha del silencio en la ciudad de Cuernavaca.

Cientos de comerciantes cerraron sus negocios para asistir a dicha manifestación. Las autoridades minimizaron la magnitud del problema ante los medios de comunicación que reflejó un problema de miopismo y vinculación con los criminales.

Religiosos de distintas congregaciones invitaron a través de sus homilías a la participación activa de sus feligreses en contra de la delincuencia. De la misma manera políticos incitaron a sus militantes y presionaban al gobernador Carrillo Olea.

Un día antes de la marcha el diputado perredista, Graco Ramírez Garrido, explicó la finalidad y raíz de la marcha.

> Es un llamado al gobierno para decirle que todos estamos sufriendo la gravedad de la inseguridad pública y la corrupción policíaca.

> Esto nos lleva a unificarnos responsablemente para construir una propuesta que permita a la ciudadanía intervenir de manera directa en un problema en el que el gobierno ha demostrado incapacidad.[56]

---

[55] Averiguación previa 3325/95-10 bis, CT/1ª/3325/95-10 y CT/2ª/3394/95-10
[56] CASTILLO, Jesús. La Marcha del Silencio, más allá de preferencias políticas y credos: ONG's. Periódico La Unión de Morelos, Cuernavaca, 22 de abril de 1996.

Guillermo Vargas Hernández, consejero directivo estatal del Barzón, aclaró sobre la presencia de este grupo en la marcha.

La inseguridad propicia la falta de inversión y por ende la reactivación económica que estamos buscando.

También por que muchos compañeros fueron secuestrados y tuvieron que endeudarse para pagar el rescate. La inseguridad es uno de los problemas que debemos atacar porque todos estamos expuestos a ser víctimas de un delito.[57]

En cuanto a los comités de colaboración ciudadana creados por la Procuraduría de Justicia para dar una mayor participación a la ciudadanía en materia de seguridad, Vargas Hernández, comentó.

Son órganos burocráticos, por lo que demandamos una participación más amplia, un contacto directo con las autoridades.[58]

Por otra parte, representantes de grupos empresariales usaban las cámaras y micrófonos para denunciar y dar cifras de la fuga de inversiones que se estaba dando. El decrecimiento en un 70 por ciento de los comercios nocturnos era una cantidad comprobada. Algunos asemejaban a Morelos como un estado de sitio, donde muchos perdían sus trabajos al ver cerrar los lugares donde laboraban. El presidente del Grupo Empresarial Morelos, Enrique Mejía y Ruiz Velasco era uno de ellos.

Consternado por el panorama grisáceo, Ruiz Velasco, manifestó.

Es preocupante que ahora no solamente los grandes millonarios están expuestos a ser asaltados o secuestrados, pues ya hay secuestros por cinco mil pesos y es un problema que está provocando que la ciudadanía viva en constante sobresalto.

La muestra está en lo que vemos diariamente, privadas y calles cerradas al tránsito, con policías en las puertas, comercios enrejados, gente que vive con el miedo de ser una víctima más de la delincuencia".[59]

Principales organizadores de la Marcha del Silencio, algunos representantes del Consejo Cívico Morelense insistían que el problema de fondo era el desempleo y el cierre de 20 empresas diariamente en todo el país lo que provocaba una situación más dura en la sociedad.

El Consejo Cívico Morelense tenía como objetivo dentro de sus orígenes la exigencia de reglas claras en el gobierno durante uno de los procesos electorales. Sus objetivos iniciales

---

[57] Ídem.
[58] Ídem.
[59] Ídem.

fueron cambiados por ser uno de los grupos portavoces de los reclamos de la ciudadanía con una actitud propositiva.

La pluralidad del Consejo Cívico Morelense les permitía ser un grupo en expansión. Los panistas Gerardo Becerra como presidente y Fernando Martínez Cue como vicepresidente guiaban al grupo a través de consensos entre los miembros. Varias figuras políticas militaban en la Asociación Civil. El perredista Graco Ramírez y el priísta Carlos Iturbe eran figuras de la política estatal.

Gerardo Becerra hizo tácito su temor ante los índices delictivos.

Por todas partes escuchamos comentarios de personas, amigos nuestros que fueron secuestrados, yo mismo fui asaltado hace poco, entonces vemos que hay un clima de inseguridad generalizado que no puede continuar

Con una asistencia de poco más de mil personas, dio inicio la primer marcha del silencio. El lugar de partida fue la iglesia del Calvario. El silencio fue su voz denunciante. Los carteles, velas y paliacates como mordazas fueron para muchos, sus armas contra la impunidad. Profesionistas, campesinos, obreros, estudiantes, amas de casa, empresarios y periodistas fueron los no tan pocos que exigieron un Morelos libre de delincuentes.

A su llegada a la plaza de armas, ante la presencia del gobernador Jorge Carrillo Olea, una estudiante dio lectura a las doce demandas del pliego petitorio. Entre las más destacadas figuran.

Que los funcionarios más importantes en la jerarquía política y de la Procuraduría, no merecen la confianza de la ciudadanía y por lo tanto se les debe cesar.

Se acepté oficialmente la colaboración de un consejo ciudadano de seguridad para elaborar un marco estatal sobre la materia.

El arraigo de por lo menos cinco años anteriores de que tomen posesión de la titularidad de una dependencia los jefes policíacos.

La creación y organización de policías de barrio, de manzana, de colonia o de municipio con gente del lugar que interactúen con la ciudadanía.

El equipamiento suficiente de los cuerpos de seguridad para poder darle frente a los delincuentes.

Un censo para conformar una base de datos de todos los elementos de las corporaciones policíacas así como de nuevos aspirantes para poder darles un seguimiento que corrobore su confiabilidad.

Leyes más rigurosas en los delitos de secuestro, violación y robo con la finalidad de que los delincuentes no salgan libres bajo fianza.

La depuración integral del poder judicial, revocando los nombramientos de cualquier funcionario al que se le compruebe la comisión de un delito y se le someta a juicio.

Los procesos judiciales involucrados en la comisión de un delito deben ser agilizados.

La vigilancia del cumplimiento del nuevo proyecto penitenciario y su administración.

Una atención a la juventud prioritaria

La recuperación a través del plan de educación estatal los valores de la persona, familia y derechos humanos.

Algunos de los oradores que subieron al entarimado manifestaron 150 secuestros contabilizados por organizaciones no gubernamentales. 25 secuestros no denunciados por temor a represalias tan solo en Cuernavaca. Entre los datos duros dados en ese momento figura la denuncia contra policías judiciales involucrados con los plagiarios y 57 señalamientos contra el exdirector de la Policía Judicial, Martín Landa Herrera.

Una comisión de 12 representantes mantuvo una entrevista con el titular del poder Ejecutivo estatal, Jorge Carrillo Olea, a quien le manifestaron lo siguiente.

Que el Procurador de Justicia, Carlos Peredo Merlo; el subprocurador de Procedimientos Penales, Rafael A gusto Borrego Díaz; el director de la Policía Judicial, Jesús Miyazawua Álvarez y el Coordinador de Seguridad Pública, José Abraján Mejía no merecen nuestra confianza, por lo que solicitamos nombre a nuevos funcionarios que tengan la honorabilidad y la capacidad profesional necesaria para que los ciudadanos y no solo el gobierno tengamos la confianza de que actuarán con la ley y el beneficio a la sociedad en su conjunto.[60]

Respuesta del gobernador a demandas

Una segunda cita se dio el viernes 3 de mayo entre representantes de la sociedad civil y el gobierno para dar respuesta a las demandas exigidas durante la primer marcha del silencio en la ciudad de Cuernavaca.

A dichas peticiones, el gobernador Jorge Carrillo Olea y sus colaboradores ratificaron su disposición y voluntad política para permitir la participación ciudadana dentro de la logística en seguridad pública con la finalidad de enriquecer las estrategias contra la delincuencia.

---

[60] CASTILLO, Jesús. La marcha, impresionante. Periódico La Unión de Morelos, Cuernavaca, 23 de abril de 1996.

Sobre la petición de un padrón policiaco, Guillermo Malo Velasco, secretario general de gobierno aseguró que ya se estaba trabajando al respecto así como la ubicación de agentes en las zonas donde residen y la adecuación del marco legal vigente en ese momento.

Referente a la destitución de altos funcionarios de la Procuraduría General de Justicia, Policía Judicial y Seguridad Pública, Malo Velasco, solicitó pruebas contundentes por parte de los quejosos para que se les abra un procedimiento de responsabilidad administrativa o penal a los señalados.

México Unido Contra la Delincuencia

Durante la marcha del silencio una nueva organización civil apareció en la escena: México Unido Contra la Delincuencia. Dicha organización mantenía entre sus militantes a universitarios, políticos, miembros de ONG's, amas de casa y por supuesto a víctimas de grupos delictivos.

La organización con un comité directivo que toma decisiones por consenso, sin cabezas demasiado visibles y un vocero ante el público que hace declaraciones a nombre del movimiento, lee comunicados y es el contacto con los medios de comunicación, en uno de sus comunicados mostraba el escenario crudo y real que vivía el país. Escenario que solo podía ser cambiado por la participación ciudadana, según el texto.

> ...sólo el 4% de los delitos cometidos recibe castigo de cárcel conforme a la ley. En México, ningún otro negocio tiene 96% de probabilidades de éxito. Tal grado de impunidad hace del delito uno de los negocios más atractivos y mejor garantizados.

> El ciudadano ha aprendido a protegerse a sí mismo: desde enrejar los mostradores de las tiendas, hasta instalar alambres eléctricos o alambre de púas sobre las cada vez más altas bardas en las mejores zonas residenciales, donde las calles se cierran, y en algunas la policía privada exige una identificación con fotografía para poder ingresar a lo que en otros tiempos eran zonas de libre acceso.

> Una de las más evidentes muestras de que la seguridad es cada vez menos pública y más privada, es la cantidad de automóviles con hasta cuatro guardaespaldas fuertemente armados que van siguiendo a un Mercedes–Benz blindado. No por nada, México ya es líder mundial en la industria de blindaje de automóviles.

Segundo informe de gobierno

El domingo 28 de abril de 1996, el jefe del Ejecutivo estatal dio su segundo y último informe de gobierno. Dentro de sus avances en materia de seguridad, influenciado de manera tácita por la primer marcha del silencio, Carrillo Olea anuncio.

> La falta de seguridad pública sigue siendo un grave caso de patología social.

Desde el segundo día de mi mandato hemos demostrado con acciones que estamos empeñados en atenuar sus efectos, aunque con escasos resultados tangibles todavía. Han disminuido los índices en delitos como el abigeato y el asalto en carreteras. En algunas zonas como el oriente y sur del estado se han reducido las denuncias. Desgraciadamente otros índices se han elevado.

En el combate a la delincuencia organizada destacan los esfuerzos realizados en materia de secuestros. En la lucha contra este delito, se logró detener y consignar a 152 secuestradores y desmantelar las bandas de la región oriente y de la zona de Miacatlán.

En el mes de marzo de este año se instaló el Consejo Estatal de Seguridad Pública para fortalecer y dar cause ordenado a los trabajos que realizan el gobierno federal, estatal y municipales.

Anuncio que la próxima semana habremos de incorporar las demandas y compromisos ciudadanos en una reunión de la más alta representatividad.

En el periodo del que se informa se ha capacitado para las tareas de seguridad pública a más de mil nuevos policías, se ha actualizado mediante cursos y entrenamiento a otros tres mil más; se han instrumentado operativos especiales para la vigilancia de las carreteras estatales y se diseñaron e integraron planes operativos específicos para ciudades de dimensiones medianas.

Las "buenas intenciones" de Carrillo Olea fueron solo eso. Las notas rojas seguían llenándose de casos de secuestros. Días después se dio la segunda marcha del silencio.

Segunda marcha del silencio

Con la participación de Casa Ciudadana, el Barzón, Red Social Morelos, Consejo Cívico Morelense entre muchos otros, dio inicio la segunda marcha del silencio el martes 8 de mayo en Cuautla, Morelos.

Varios cientos de personas asistieron y marcharon en forma similar a sus antecesores en Cuernavaca. Carteles y vestimentas blancas fueron su distintivo.

Al final de la marcha, el jurista Raúl Carranca y Rivas fue invitado a dar una conferencia relacionada con la inseguridad vivida en la zona oriente y el país.

Dentro de su ponencia, Carranca y Rivas, comentó

...Un factor fundamental en la inseguridad pública es la impunidad, generada por malas leyes que son difíciles de interpretar por su mala redacción y por ministerios públicos y abogados inmorales.

Referente a la readaptación de los internos en los reclusorios el catedrático de la Universidad Nacional Autónoma de México criticó el sistema carcelario.

En la mayoría de los casos no se logra la readaptación de los internos, cuestión que se evidencía con la reincidencia.

Cierre de comercios

El ambiente vivido en Morelos era para muchos comerciantes "una pesadez". Las multitudinarias marchas que se habían dado en Cuernavaca y Cuautla así como el sinnúmero de protestas creadas por organismos no gubernamentales y sociedad civil, parecían no ayudar en nada en la mejora del estado. Los secuestros seguían dándose en distintos puntos del estado con finales mórbidos.

Un día gris fue el miércoles 22 de mayo. Al pasar el féretro de un comerciante asesinado por secuestradores en la ciudad de Cuautla, muchos locatarios cerraron sus negocios mientras pegaban moños negros en sus puertas, árboles o postes y se unían al cortejo fúnebre que ya era multitudinario. Fue la segunda señal de protesta más grande de Cuautla después de la del "Silencio".

Epolinar Paredes Cantoral, había puesto resistencia cuando cuatro sujetos intentaban subirlo a un Tsuru blanco sin placas con la finalidad de secuestrarlo. Al ver los plagiarios que eran superados en voluntad sacaron sus pistolas y abrieron fuego en su contra, minutos después murió en el hospital del Seguro Social. Los plagiarios lograron huir sin dejar pistas.

Un ambiente de indignación e impotencia se dejó sentir. Hombres y mujeres vestidos de negro acompañaban a quien en vida había sido su amigo, conocido o simplemente la muestra de una delincuencia creciente que ellos, en un sueño guajiro, no querían vivir.

"Alto a la violencia y secuestros", "Fuera Carrillo Olea" o "Alto a la impunidad". Mensajes de pancartas o manteados que recorrieron las calles Dr. Parres, 2 de mayo, Insurgentes, 19 de febrero, Galeana y Parque Revolución con rumbo al mausoleo.

Más de 500 personas acompañaban al que en vida fuera dueño de tortillerías. Más de 500 personas querían y se manifestaban con un silencio atroz.

Algunos empresarios miembros de la Cámara Nacional del Comercio (Canaco), ofrecieron a los habitantes de Morelos recompensas por la denuncia de secuestradores o sospechosos que resultaran serlo.

Excomunión

En la ciudad de Cuernavaca, el obispo Luis Reynoso Cervantes, decía una y otra vez en sus homilías que todo aquel que se dedicara al secuestro quedaba automáticamente excomulgado y fuera de la Iglesia Católica, tal como lo exigía el Derecho Canónico.

Al respecto, algunas esposas de secuestradores aprehendidos por la policía se quejaban de estas manifestaciones del obispo ya que al ir ellas a los templos eran marginadas por los feligreses.

Bandas como la de "El Cubano" al ser capturadas solicitaron la intervención del obispo para que les fuera levantada la excomunión. Sin embargo, el obispo de la Diócesis de Cuernavaca se manifestó un tanto decepcionado y en su homilía del domingo 6 de octubre, manifestó.

...ya no sabemos que hacer para que los secuestradores regresen al camino del bien, ya hicimos una primera semana de oración que se llamó "El Sitio de Jericó", dicté excomunión para los que practican esta acción que hiere a la sociedad y muchos se burlaron de ella; realmente ya no sé que hacer para evitar que los secuestradores disminuyan en la entidad.

Por otra parte, ministros de diversos grupos religiosos expulsaban a sus miembros si les era comprobado un delito de secuestro. La única forma de ser admitidos nuevamente era a través de la confesión pública y arrepentimiento sincero ante la grey.

Venta de información privilegiada

Cansados de vender información privilegiada a la banda de "El Carileón" y "Los Bolaños" varios agentes policíacos conformaron su propia banda de plagiarios con la finalidad de conseguir mayores cantidades de dinero.

El subteniente del Ejército Alejo Bolaños Ávila, los comandantes Víctor Manuel Granda Bravo, y Esaí López Rodríguez y el agente judicial Óscar Martínez Ávila tenían entre sus actividades la venta de enervantes e información privilegiada; robo de vehículos, secuestros, homicidios y protección de comandantes y policías judiciales a las bandas de delincuentes.[61]

Uno de los principales clientes de los agentes judiciales fue el compadre de Antonio Rivapalacio López,[62] Carlos Pérez Várgas, "El Carileón",[63] quien al dejar su trabajo de policía de tránsito plagió en junio de 1995 a Manuel Luna Díaz, el cual, fue ultimado por representar una problemática durante las negociaciones; en el mes de septiembre exigieron 240 mil pesos en el secuestro de Víctor Arellano Cuevas y 89 mil pesos por Joel Arellano Gaona; dos meses después Antonio Bustos sufrió la misma suerte y su familia tuvo que

---

[61] Expediente SC/11ª./875/97-2
[62] El exgobernados de Morelos, Antonio Rivapalacio López compadró con "El Carileón" cuando apadrinó a una de sus hijas.
[63] Llamado así por su semejanza a la cara de un león.

entregar 200 mil pesos por su libertad. Todos los secuestrados antes mencionados radicaban en la comunidad de Miacatlán, Morelos.

El año de 1996 fue un año intenso para la banda de "El Carileón" y arrancando los primeros días del año secuestraron a Nicandro Ramírez, obteniendo 300 mil pesos.

Según declaraciones del testigo Pablo Castrejón, el comandante Granda Bravo proporcionaba información a "El Carileón" en el rancho "La Casahuatera" de la colonia Los Marranos de Mazatepec, propiedad de Miguel Toledo Saenz.[64]

Uno de los códigos éticos de la banda de Carlos Pérez fue la negativa de secuestrar niños y mujeres. Entre su característica logística fue la de llevar al plagiado a lugares desabitados, tales como montañas o sembradíos en lugar de "casas de seguridad".

La banda de "El Carileón" estaba conformada por Carlos Longares; Sergio Julio Rojas; Ricardo Coria Flores; Irvin Pérez Martínez, hijo de "El Carileón"; Federico Fernández Martínez; Tito Fernández Romero; Omar Manjarrez Vara y Arturo Rosas González.[65]

El 5 de abril de 1996 la banda de "El Carileón" fue desarticulada con la captura de Carlos Pérez Vargas, "El Carileón" y su hijo; Carlos Longares, Rafael Rojas, Ricardo Coria y Tito Fernández. La sentencia dada para los plagiarios fue de 30 años de cárcel.

Algunos plagiarios al ver que los jefes de la banda habían sido aprehendidos decidieron formar su propia agrupación y seguir solicitando la protección y guía de los agentes judiciales.

Una de estás bandas fue la de "Los Bolaños" encabezada por José Bolaños Ocampo y su hermano Alejandro; Ricardo Galindo Bolaños, tío de los jefes; Oswaldo Vergara Bolaños y Vicente Vázquez Delgado, "El Loco".

Entre los plagios oficialmente registrados se encuentra el de Joel Arellano de Miacatlán, Morelos en septiembre de 1995 por el que pidieron 89 mil pesos; en febrero de 1996 Bertín Díaz Rosales fue secuestrado y momentos después logró escapar al quedar dormido uno de los "desechables"; tres meses después sacaron de su casa de descanso al originario del Distrito Federal, Víctor Martínez y exigieron 230 mil pesos.

Un testigo no protegido

El taxista Pablo Castrejón, testigo principal contra algunos de los judiciales involucrados en protección a delincuentes declaró ante el Ministerio Público que el agente judicial Oscar Martínez Ávila fue pieza clave en el secuestro de Víctor Martínez en Jiutepec y actuó como

---

[64] CASTILLO, Jesús. Nuevos datos sobre las bandas de secuestradores. Periódico La Unión de Morelos, Cuernavaca, 22 de febrero de 1997.
[65] CASTILLO, Jesús. La captura de cómplices del "Carileón" destapa la cloaca. Periódico La Unión de Morelos, Cuernavaca, 19 de febrero de 1997.

"patrocinador"[66] y dentro del grupo de "entrega" al momento de cobrar el rescate. Posteriormente, el testigo declaró.

Con relación al comandante de la Policía Judicial de nombre Esaí López, el declarante lo conoció desde hace un año y medio, ya que éste comandaba el grupo de la Policía Judicial de Tetecala (Morelos) y le proporcionó a Miguel Ángel Toledo Saenz de la Peña un radio portátil con frecuencia de la Policía Judicial para estar al tanto de los movimientos que realizaba la PJ.[67]

En la declaración previa, Pablo Castrejón involucra a un supuesto narcotraficante con la muerte de Miguel Ángel Toledo

El de la voz sabe que Esaí López le había regalado una pistola 9 milímetros tipo escuadra de la marca Pietro Beretta al hoy occiso Miguel Toledo, y que el día que le dieron muerte los tres sujetos se identificaron como policías judiciales y que todavía el hoy occiso pretendió llamar por el radio que le había dado Esaí pero que éste nunca le contestó, y que los tiros que le dieron fueron bastantes de AK-47 o cuerno de chivo y que en estos hechos también se vio involucrado un policía municipal de Mazatepec, de nombre José Luis Bruno, el cual acompañaba al hoy occiso...

...con relación a algunos otros policías judiciales implicados el de la voz desconoce los nombres pero sí existen otros elementos que viajaban en un Tsuru tipo GS de color "moradito" y los cuales, también infiltrados en la policía se dedicaban aparte de brindar protección a comunicarles información que se daba dentro de la Policía Judicial.[68]

Después de hechos los señalamientos, Pablo Castrejón fue encerrado en la misma celda de uno de los delatados. Días después, frente al Juez se retracto de sus declaraciones hechas y dijo no conocer al excomandante Granda Bravo y que fue torturado para hacer dichas acusaciones.

...el comandante Martínez del grupo especial antisecuestros le dijo al declarante que señalara al señor Víctor Granda Bravo porque él filtraba información para una supuesta banda de secuestradores, siendo que el declarante ni lo conocía...

...le dijo al declarante que quería un policía corrupto y conociendo al comandante Isaí López[69] por ser afecto a la cocaína y a otros negocios el declarante le indicó que podía ser él, pero el comandante Martínez le dijo que no le servía porque tenía cara de puto y que él quería al señor Víctor Manuel Granda Bravo.[70]

---

[66] Proveyó el armamento requerido en ese momento.
[67] CASTILLO, Jesús. Nuevos datos sobre las bandas de secuestradores. Periódico La Unión de Morelos, Cuernavaca, 22 de febrero de 1997.
[68] Ídem.
[69] Excomandante de la Policía Judicial de Puente de Ixtla y Tetecala, Morelos.
[70] CASTILLO, Jesús. Nuevos datos sobre las bandas de secuestradores. Periódico La Unión de Morelos, Cuernavaca, 22 de febrero de 1997.

A pesar de la negación del testigo no protegido, la mayoría de los antes mencionados fueron presentados ante los medios de comunicación por parte de la Procuraduría General de Justicia del Estado el martes 11 de febrero de 1997 y algunos fueron trasladados al Centro Federal de Máxima seguridad La Palma, en el Estado de México.

Caída de Miyazawua

Un acontecimiento cimbró las estructuras de la Policía Judicial y provocó la caída de altos mandos.

El 27 de enero de 1998, aprovechando la oscuridad de la noche un comandante y dos agentes de la Unidad Antisecuestros intentaron deshacerse del cuerpo del presunto plagiario y asaltante Jorge Nava Avilés sin percatarse que elementos de la Policía Federal de Caminos se acercaban a ellos.

Al ser sorprendidos por los agentes federales, Armando Martínez Salgado, Jacinto Armendáriz Rosas y el comandante Fidel Pascual Espinoza López intentaron intimidar a los federales siendo estos últimos quienes terminaron por someterlos.

De inmediato llegaron al lugar refuerzos federales sin que Miyazawa o Peredo Merlo pudieran evitar que los medios de comunicación se enteraran del caso.

A la altura del kilómetro 83+600 de la carretera México-Iguala llegaron elementos policíacos federales, estatales, municipales e incluso militares, así como representantes de los medios informativos nacionales que le dieron seguimiento al caso.

El miércoles 4 de febrero, después de su declaración, Miyazawa renunció a la dirección de la Policía Judicial.

Carrillo Olea enfadado por los acontecimientos, declaró.

Por un solo hecho no se puede juzgar la trayectoria de un profesionista, del mejor policía del país.

El Procurador de Justicia no pudo evadir la opinión pública y fue dado de baja y posteriormente arraigado junto a Miyazawa; Rafael Augusto Borrego Díaz; José Luis Estrada Aguilar; el jefe de la Oficina de Servicios Periciales, Alfonso Hernández Gurrola y el comandante del grupo Antisecuestros del municipio de Jiutepec, Rafael Reybal Martínez para ser investigado por la Unidad Especializada en Delincuencia Organizada (UEDO) de la Procuraduría General de la República (PGR).[71]

Una vez en proceso los antes mencionados, organismos no gubernamentales y la sociedad civil presionó al Ejecutivo y legislativo para realizara un juicio político

---

[71] Averiguación Previa PGR/UEDO/061/98.

contra el gobernador Carrillo Olea. Los resultados fueron estériles y el gobernador anunció.

...no procederá porque no hay elementos. Eso es una barbaridad de la oposición. Terminaré mi gestión el 18 de marzo del 2000.

Jorge Carrillo Olea

Subsecretario de Gobernación en el sexenio de Miguel de la Madrid[72] y director del Centro de Investigación y seguridad Nacional (Cisen),[73] el gobernador de Morelos tiene dentro de su currículum el haber desaparecido en 1985 la Dirección Federal de Seguridad para fundar más tarde la Dirección de Investigación y Seguridad Nacional[74]

La figura de Carrillo Olea representó para muchos símbolo de dureza en materia de seguridad debido a su carrera militar.

A su llegada al estado de Morelos, Carrillo Olea, trajo consigo a mucha gente de otros estados, militarizó los mandos policíacos y aumentó los recursos destinados a los cuerpos de seguridad. A pesar de eso, la delincuencia permaneció en constante crecimiento.

Dentro de la lista nominal aparecieron militares y amigos del general Carrillo Olea, tales como:

Capitán Javier Rueda Velázquez, contralor general.

Capitán José Abraham Mejía, coordinador de Seguridad Pública.

Capitán Cuauhtémoc Torga Rivera, jefe del Estado Mayor de la Coordinación de Seguridad Pública.

Capitán Manuel Ariño Sánchez, director de la Policía Preventiva.

Teniente Gerardo Ortiz Barni, jefe de Subvigilancia de Barrios.

Capitán Venustiano Vázquez, jefe de Subvigilancia de Carreteras.

Capitán Jesús Miyazawa Alvarez, director de la Policía Judicial del Estado.[75]

Sergio Salinas de Gortari, asesor en materia regional.

---

[72] 1982-1988.
[73] 1988-1990.
[74] Antecedente directo del Cisen, fundado en 1985.
[75] ORTIZ, Francisco. En Morelos, pese a los militares en la policía, el general Carrillo Olea está perdiendo la guerra. Revista Proceso, México, 8 de abril de 1996.

The New York Times

El 23 de febrero de 1997, un reportaje periodístico tensó la administración de Jorge Carrillo Olea. Sam Dillon y Craig Pyes, corresponsales de The New York Times, en un trabajo de cuatro meses pusieron al descubierto los vínculos entre algunos gobernadores y el Cártel de Juárez.

Manlio Fabio Beltrones, de Sonora y Jorge Carrillo Olea, en Morelos fueron los protagonistas de un reportaje titulado "Vínculos con la droga manchan a dos gobernadores mexicanos. La sombra en la frontera. Un reporte especial".[76] El texto en su edición dominical, fue leído por el millón y medio de lectores en promedio y pronto aparecieron notas afines en varios diarios del mundo.[77]

De acuerdo a informes exhibidos por el diario, el desempeño de Carrillo Olea fue bueno en sus inicios de lucha contra el narcotráfico. Su contraparte en Washington lo felicitó. Para 1992 algunos reportes empañaron su imagen. El Centro de Inteligencia de El Paso, Texas aseguraba que Carrillo Olea ayudaba a Carrillo Fuentes, esta información fue plasmada en el Times.

> Reportes con fecha de 1992 indican que el excoordinador de la lucha contra el narcotráfico, Jorge Carrillo Olea, era en aquel entonces el socio más influyente de Amado Carrillo en el gobierno mexicano. Carrillo Olea estaba a cargo de los radares de detección en México y, al utilizar la información que se le daba, pudo asegurar el paso seguro de los aviones de Carrillo Fuentes

Según datos obtenidos por la Agencia Antinarcóticos de los Estados Unidos, el gobierno de Ernesto Zedillo había recibido una lista de nombres de funcionarios mexicanos sospechosos de tener ligas con el narcotráfico, para que no fuera designados secretarios de Estado; entre ellos estaba Beltrones y Carrillo Olea.

Carrillo Olea visiblemente molesto movilizó su maquinaria propagandística para limpiar su imagen. Algunos reporteros y articulistas comprados por el mandatario desacreditaron el trabajo de Dillon y Pyes y sus abogados iniciaron una querella contra el rotativo estadounidense.[78]

En una carta enviada a Joseph Lelyve, director ejecutivo del diario el mismo día de publicado el texto, Carrillo Olea escribe.

---

[76] DILLON, Sam, CRAIG, Pyes. Vínculos con la droga manchan a dos gobernadores mexicanos. La sombra en la frontera. Un reporte especial. Periódico The New York Times, New York, 23 de febrero de 1997
[77] Algunos diarios como el Universal de Caracas Venezuela; El Tiempo y El Mundo en Colombia; El País en España son solo algunos de los diarios internacionales que reprodujeron o comentaron el reportaje de Dillon y Pyes.
[78] OZAETA, Ulysses. Corresponsales en Morelos. Fanzine La Cloaca, Puente de Ixtla, 10 de noviembre de 2001

El único soporte que para tan grave acusación ofrecen sus reporteros es la frase altamente confiables, que en su mismo texto colocan entre comillas, sin ofrecer, obviamente, ninguna referencia y, menos aún, algún elemento probatorio.

Los funcionarios mexicanos sabemos muy bien que estos ataques son cíclicos, y que si bien son muy fuertes en su impacto inicial, nunca son seguidos de mayor información, y menos aún de datos fidedignos que conduzcan a ratificar plenamente lo enunciado por su artículo.

El ciclo al que obedece el artículo de hoy tiene tres objetivos:

Apoyar los esfuerzos de la derecha en el Capitolio para, por medio de la negativa a la certificación, endurecer las relaciones de Estados Unidos hacia México; el segundo objetivo es crear el peor escenario posible para México de cara a la próxima visita del presidente Clinton a este país y, finalmente, influir en las próximas elecciones federales mexicanas, ya que son clarísimas las preferencias políticas que tiene ese sector del Congreso americano sobre la democracia en México.

Sería de esperarse de un periódico de esa importancia que hiciera explícitas 'las altamente confiables fuentes informativas'. Como eso no va a suceder, me permitiré sugerir las buscara en Langley y Cristal City[79]

Dos días después de publicado el reportaje, Robert Gelbard, subsecretario de Estado para Asuntos de Narcotráfico, reconoció ante un comité del Congreso norteamericano que el gobierno estadounidense sí había entregado al equipo de Zedillo la carta mencionada por el New York Times, lo cual, les parecía preocupante.

Estamos preocupados por los reportes que tenemos sobre el gobernador. Estamos estudiando eso, lo seguimos examinando

El miércoles 26 a través de su oficina de Comunicación Social, Carrillo Olea hace pública sus intenciones de demandar a los autores del reportaje. Su homologo en Sinaloa hizo lo mismo.

Puedo anticiparles mi decisión inquebrantable para encontrar los mejores medios de defensa ante esta calumnia.

La tarde del viernes 28, Pascal Betrán del Río, reportero del semanario Proceso, sostuvo una entrevista con Stephen Engelberg, subdirector de la sección internacional del Time para platicar sobre las querellas interpuestas por parte del mandatario morelense:

¿Está preocupado el periódico por la posibilidad de ser demandado por dos gobernadores mexicanos?

---

[79] Condados donde se encuentra la sede de la CIA y el Departamento de Defensa de Estados Unidos, respectivamente.

Déjeme decirle, primero, que el reportaje que publicamos el domingo es producto de un trabajo intenso sobre documentos del gobierno estadunidense, informes de inteligencia. Este es el material que tenemos en nuestras manos, tal como lo decimos en la nota. De hecho, tenemos una buena cantidad (de esos documentos). El reportaje eš amplio, detallado, y si algunos de los que han atacado este trabajo tienen alguna querella, me parece que debe ser con el gobierno de Estados Unidos, no con nosotros. Creo que vale la pena hacer notar que ningún funcionario estadunidense, ya sea en un periódico o de alguna otra manera, ha salido a criticar la precisión del reportaje. Punto...

...El reportaje describe lo que es conocido por el gobierno. Y como usted sabe, el embajador Gelbard, al rendir su testimonio (ante el Congreso), lo que es raro en este tipo de situaciones, dijo que la información era tan seria que se tuvo que comunicar al equipo de transición de Zedillo e incluso identificó a uno de los mencionados en la lista. Como usted sabe, la discusión pública de este tipo de información es muy poco común. Eso muestra qué tan extendida y seria piensa el gobierno de Estados Unidos que es (esta información). Así que... ¿nos preocupa? Siempre tomamos muy en serio el hecho de que una persona sobre la que escribimos no esté contenta con lo que publicamos. Nos han mandado cartas y hemos examinado el contenido del reportaje y el contenido de la cartas y, obviamente, cualquier dato que se nos pruebe que está equivocado, lo tomaremos muy en serio. Pero, hasta ahora, no hemos visto nada que rebata los hechos específicos.

Una pregunta obvia: ¿Sostienen lo que publicaron?

Absolutamente. Apoyamos a los reporteros y sostenemos el reportaje. Sam Dillon y Craig Pyes, juntos, tienen décadas de experiencia reporteando en Latinoamérica. Y no sólo eso: Igual que Proceso, supongo, tenemos la intención de seguir con estos reportajes, a donde quiera que conduzcan. Entre paréntesis, déjeme felicitar a su revista...

En México no está arraigada la costumbre de usar fuentes anónimas en el periodismo. ¿Cómo responderá el periódico, en ese contexto, si esto va a la corte? ¿Y qué puede decir en general del uso de fuentes anónimas?

Un par de cosas: The New York Times tiene una tradición histórica de defenderse vigorosamente cuando es llevado a la corte. Y puede estar seguro de que lo haremos, si se da el caso. Segundo, las fuentes anónimas son controvertidas en nuestro país también. No nos gusta usarlas; siempre preferimos que la gente que habla dé su nombre. De hecho, en el reportaje que estamos discutiendo sí hay gente citada por su nombre. Los documentos a los que hacemos referencia no son de fuentes anónimas; son documentos oficiales del gobierno estadunidense. Hay, de hecho, poco material en el reportaje que se atribuye a "funcionarios estadunidenses". Y en ese caso, como en todos los casos de fuentes anónimas, se tiene que poner en la balanza el valor del material, su comprobación y el hecho de que la gente que proporciona la información lo hace bajo el resguardo del anonimato. Lo tomamos muy en serio: Hubo muchas cosas que conocimos, al reportear para esa información, que decidimos no publicar. Tratamos de usar hechos comprobables.

¿Alguna vez ha sido demandado el NYT por funcionarios extranjeros?

No lo sé.

Cuando se les lleva a juicio, por notas que involucran a fuentes anónimas, ¿qué han hecho, en general, en la corte?

En general, si prometemos el anonimato a alguien, no revelamos nuestras fuentes. Pero realmente no creo que ese vaya a ser un tema importante en esto, porque las fuentes principales sí están identificadas. Todo el caso está resumido en documentos que nosotros citamos, que son documentos oficiales... Esto está completamente amarrado, revestido de hierro. No hay nada qué decir sobre ello. Defenderemos nuestro trabajo.[80]

La consulta

El domingo 8 de marzo de 1998, en un ejercicio de participación ciudadana más de 100 mil personas se dieron cita para votar por la renuncia o permanencia del gobernador Jorge Carrillo Olea

La consulta organizada en menos de un mes por la Coordinadora Morelense de Movimientos Ciudadanos tuvo una copiosa asistencia y cobertura de los medios informativos. Los resultados fueron contundentes. 96 mil 850 personas (94.1 % de los votantes) se manifestaron a favor de su renuncia mientras que tan solo 6 mil 072 (12.49% del listado nominal de electores del estado) estuvieron en contra.

Una vez contabilizados los votos, los representantes de la Coordinadora Morelense de Movimientos Ciudadanos entregaron la documentación a la mayoría de los diputados locales y seis legisladores federales para que consideraran la participación ciudadano.

Respuesta del Senado

El Senado de la República en un boletín emitido el 2 de abril de 1998 condena los hechos violentos en Morelos, la falta de atención a las recomendaciones de la Comisión Nacional de Derechos Humanos y hace alusión a la consulta realizada días antes donde se exige la renuncia de Carrillo Olea

La presidencia de la Mesa Directiva turnó a las comisiones de Derechos Humanos y de Fortalecimiento del Federalismo un punto de acuerdo para que dichos grupos

---

[80] BELTRÁN DEL RIO, Pascal, PUIG, Carlos. La querella de Beltrones y Carrillo Olea debe ser "con el gobierno de EU, no con nosotros". Revista Proceso, México, 3 de marzo de 1997.

se reúnan con los presidentes de las comisiones Nacional y Estatal de Derechos Humanos de Morelos, a fin de conocer el estado que guardan las recomendaciones emitidas por esos organismos, en relación con la violación de garantías en esa entidad.

El senador perredista Mario Saucedo Pérez presentó en tribuna el punto de acuerdo, que fue respaldado por el PAN y el PRI, y condenó los hechos del pasado 31 de marzo, en los que un grupo de personas irrumpió en forma violenta en la sesión del Congreso del estado de Morelos, para impedir la instalación del período extraordinario, convocado para dar curso a una recomendación de la Comisión Nacional de Derechos Humanos.

Saucedo Pérez exigió la renuncia del gobernador de Morelos, Jorge Carrillo Olea, por el grado de inseguridad que se vive en la entidad, y porque --dijo-- así lo ha manifestado su población, a través de consultas públicas.

En tanto, el senador Javier Alvarado Ibares, del PAN, indicó que la ola delictiva y la negligencia en la impartición de justicia que prevalece en Morelos, particularmente desde la llegada de Carrillo Olea al gobierno, ha generado que en la entidad se viva un "estado de ingobernabilidad".

Héctor Ximénez González, del PRI, manifestó que la inseguridad pública no es privativa del estado de Morelos, sino que afecta, en mayor o menor grado, a todas las entidades federativas, por lo que instó a todas las fracciones parlamentarias a combatir ese problema, "sin ideología".

Refirió que el gobierno estatal realiza acciones de combate a la delincuencia y a la impunidad, y llamó a todos los sectores a contribuir a la paz y la tranquilidad en el estado de Morelos, por la vía del ejercicio del derecho.[81]

La renuncia

La noche del lunes 11 de mayo en la ciudad de Cuernavaca se dio gran movimiento de políticos priístas que llegaban al hotel Vista Hermosa sin saber las razones de la convocatoria.

Jesús Salazar Toledo, subsecretario de Gobernación, fue el primero en recibir y dar las razones de la invitación a los doce diputados del tricolor: el gobernador Jorge Carrillo Olea presentaría en el Congreso una solicitud de licencia definitiva para separarse del cargo.[82]

Posterior al comentario, Salazar Toledo, les dio línea a sus compañeros: Apoyaremos al delegado de la Secretaría de Desarrollo Social, Juan Salgado Brito para gobernador interino.

---

[81] Boletín de Prensa 98/058
[82] ARANDA, Julio. Gobernación decidió y Carrillo obedeció. Revista Proceso, México, 18 de mayo de 1998.

Las protestas no se hicieron esperar, la diputada Rocio Carrillo Pérez, fue la primera en quejarse. Mientras tanto, Carrillo Olea daba instrucciones al secretario general de Gobernación, Hugo Salgado Castañeda; el contralor, Javier Rueda Velásquez y el coordinador de Comunicación Social, Matías Nazario Morales.

El miércoles 13, los congresistas del Partido revolucionario Institucional, Partido Acción Nacional y Partido de la Revolución Democrática no pudieron ponerse de acuerdo en la designación del gobernador sustituto.

Esto obligó a Carrillo Olea a no dejar su cargo. Ya que un mal movimiento dentro de su ajedrez podría provocar que se le realizara un juicio político como algunos políticos y sociedad civil querían.

Sobre las decisiones de abandonar la gobernatura, Carrillo Olea, fue entrevistado por Julio Aranda, reportero del semanario Proceso.

Me voy sin sentimiento de fracaso o frustración. Lo estoy haciendo sin dolor, sin angustia, sin sentido de sacrificios. Estoy sereno. La vida me enseñó que a veces se avanza y a veces se retrocede. Estoy más atento a lo que sucede en el estado. El gobierno está completamente en marcha, la mentira más grande es que se diga que hay ingobernabilidad. Lo reitero: asumo mi responsabilidad política, pero cada quien debe asumir su parte.

La oposición pretende presentar una denuncia penal en su contra...

Me voy limpio, como limpio llegué. He pasado pruebas mucho más difíciles que ésta en términos de honestidad. Ya pasé por terrenos donde mi deshonestidad hubiera sido mucho más fácilmente ejercitada y no lastimando a mi estado. No, por ahí no va. Estoy limpio. Como siempre les digo: si tienen pruebas, pues que procedan legalmente.

Carrillo Olea dice que no intervino en las negociaciones entre las fracciones del Congreso, para beneficiar a su amigo y colaborador Juan Salgado Brito.

He detenido la presentación de la licencia en un acto de responsabilidad para que las diferentes fuerzas del país... perdón, del estado, encuentren los mecanismos de advenimiento y resuelvan en el marco de sus facultades quién debe ser el gobernador sustituto.

Carrillo Olea pide que su licencia "se recoja como un acto de responsabilidad ante la incapacidad de mantener el diálogo con el Congreso local, que empieza a producir dificultades. Por ejemplo, estamos en mayo y no se ha iniciado la obra pública porque los diputados no han querido acceder a entregar los créditos que ellos mismos autorizaron desde diciembre. Mi renuncia busca recuperar el tiempo perdido".

En los últimos dos meses, usted insistió en que no iba a renunciar, que ni siquiera había pensado en esa posibilidad...

Este fue un proceso de semanas, de tres semanas para ser preciso, en las que reflexioné con mucha profundidad, porque se estaban atorando en el Congreso local una cantidad de cosas, como iniciativas de leyes, decretos, autorizaciones de créditos a municipios, tenemos obras paradas. Fue una reflexión muy lenta, ponderada, cuidadosa, hasta que dije: 'Bueno, en un acto de responsabilidad, yo tengo que contribuir con mi parte para que se resuelva este problema'.

El problema de Tepoztlán, la delincuencia, la detención del jefe del grupo antisecuestros, las acusaciones contra su anterior procurador y el jefe de la Policía Judicial... ¿influyeron en su decisión?

Esos casos obedecen a cosas disímbolas, pero influyeron de alguna u otra forma, crearon un ambiente adverso. En Tepoztlán se cometió un error, en el sentido de clausurar la construcción de un club de golf, que prometía para los tepoztecos oportunidades de desarrollo. El tema del grupo antisecuestros fue una especie de disparador, utilizado por la oposición y lo convirtió de un problema de orden delincuencial en un conflicto entre dos poderes del estado.

¿Qué tanto influyó la Presidencia de la República?

El señor presidente es respetuoso de la soberanía de los estados. Le comuniqué el martes mi decisión personal y él entiende que es un acto de responsabilidad para resolver el conflicto.

Usted perdió la guerra...

Si se ve de esa forma sería una gran inmadurez política. No hay derrota, sacrificados ni ganadores, hay una decisión para que la trabazón termine. Morelos va a ganar con esto, se lo aseguro.[83]

Jorge Morales Barud

A la salida de Carrillo Olea, el ixtleco Jorge Morales Barud quedó al frente del ejecutivo estatal. Durante su interinato los índices delictivos no disminuyeron según las expectativas a pesar de que muchas de las bandas de secuestradores fueron desmantelados gracias a la participación de la Policía Federal Preventiva.

En una entrevista realizada por Julio Aranda,[84] el mandatario ixtleco aclara: "No hay ninguna injerencia del señor Carrillo en mi gestión".

---

[83] Ídem.
[84] ARANDA, Julio. Con Carrillo Olea o sin él, Morelos vive en la inseguridad. Revista Proceso, México, 21 de febrero de 2000

Y reconoce que uno de los mayores retos de su administración es proporcionar mayor seguridad pública y devolver la confianza a los ciudadanos.

Sin embargo, hay muchas quejas por casos de impunidad...

No, eso sí no, nos hemos empeñado en desterrar cualquier caso de ese tipo.
A 90 días de dejar el cargo, Morales Barud acepta que no ha sido fácil borrar la imagen nacional e internacional que Morelos proyectó como "capital del secuestro", pero "se logró con mucho trabajo".

Usted fue secretario general de Gobierno con Carrillo Olea, ¿qué fue lo que falló?

No soy quien debe responder esta pregunta, no me corresponde hacer esa evaluación.

Pero fue su colaborador...

Sí, durante ocho meses (mayo de 1997 a marzo de 1998), creo que se dieron algunas condiciones de estabilidad, pero se vivió una situación difícil por el enfrentamiento entre los Poderes Ejecutivo y Legislativo... hubo errores y hay que aprender de ellos.

Usted, como líder del PRI, defendió a Carrillo...

Asumí el cargo en defensa del Poder Ejecutivo, del estado, de las instituciones, de la legalidad, fue el mandato de la militancia.

Pero defendió a Carrillo...

Defendí a las instituciones, al Poder Ejecutivo...

¿No teme ser señalado como cómplice de una gestión ligada al crimen organizado?

La historia lo dirá con nuestros actos y hechos.

¿Qué tanto afecta al estado el caso Carrillo?

Nosotros estamos trabajando, así seguiremos hasta el último día de mi mandato

¿Le quita el sueño el regreso de Carrillo?

No, duermo perfectamente bien.[85]

---

[85] Ídem.

Capítulo III

Capos y cárteles del secuestro

Tlayca, tierra de La Víbora

En el mapa de algunos agentes de la policía ministerial se encuentra marcada con rojo por su alta peligrosidad la comunidad de Tlayca, municipio de Axochiapan. Esta pequeña población de no más de mil habitantes, es conocida como "el pueblo de los secuestradores", donde la entrada a gente extraña está restringida y muchos policías no se atreven a entran ni en operativo por temor a un enfrentamiento a balazos.

> Los chamacos aprenden desde pequeños el oficio del secuestro y toman de ejemplo a sus padres. Algunos sueñan con ser secuestradores... Muchas familias de ahí ya tienen un largo historial, pues sus padres se dedicaron a eso, al igual que sus abuelos e incluso bisabuelos... Los que no nos dedicamos a eso normalmente nos tienen en la mira por temor a que chivatiemos (sic) por eso decidí largarme de ahí" comenta un comerciante que estuvo viviendo en dicha población.

A 70 kilómetros al sureste de Cuernavaca, Tlayca fue dada a conocer por los medios de comunicación debido a las bandas de secuestradores que en dicha población se refugiaban, cerca de 15 o 20 familias inmersas en este negocio.

La Víbora y el Canales

Con el historial de su abuelo y su padre como secuestradores, Benito Vivas Ocampo "El Canales" y su medio hermano Modesto o Miguel Ángel Vivas Urzúa "la Víbora" fueron considerados enemigos públicos número uno de la policía estatal y judicial con más de 30 secuestros realizados en Morelos, Puebla, Estado de México y Distrito Federal.

El 26 de enero de 1994, bajo las órdenes de Benito y Miguel Ángel, los judiciales Eduardo Pliego, Roberto Rico y Dagoberto Torres Palma, sicarios de los hermanos Vivas, ultimaron a balazos al director operativo de la Policía Judicial del estado, Mario Aragón Zambrano; al coordinador de la Policía Judicial en Cuautla, Alberto Sánchez Álvarez y al exjudicial Esteban Hernández Arellano como represalia por el enfrentamiento que horas antes habían tenido durante un operativo montado en Jonacatepec por elementos policíacos con la finalidad de capturar a los cabecillas de esta banda de secuestradores.

En Septiembre de ese año, al intentar cobrar un rescate de un plagio, fueron capturados por agentes de distintas corporaciones. Junto a Miguel Ángel Vivas Urzúa y Benito Vivas Ocampo se logró la captura de 14 plagiarios más

La Fuga[86]

Al Reclusorio Preventivo Oriente fueron llevados Miguel Ángel Vivas Urzúa y Benito Vivas Ocampo bajo los cargos de homicidio, robo, asociación delictuosa, plagio, evasión de reo, lesiones, portación de arma de fuego prohibida, delitos contra la salud, violación, entre otras. Los hermanos traía en jaque a muchos de los internos y custodios debido a las amenazas y sobornos que exigía.

El 30 de diciembre de 1995, a pocos minutos después de las visitas familiares se inició un enfrentamiento a balazos entre internos y custodios dejando un saldo de cuatro heridos, dos por cada bando. Tal y como se había planeado previamente, la atención que los vigilantes le ponían a los rijosos debía ser aprovechado por los catorce internos que intentarían y lograron darse a la fuga.

Con un AK-47, una Uzi y otras armas de grueso calibre que les había vendido un custodio por 27 mil pesos[87], lograron saltar mallas ciclónicas y las bardas de la torre 6 y 7 en donde se encontraron sábanas unidas con una longitud de 50 metros.

Esa noche escaparon Miguel Ángel Vivas Urzúa, Benito Vivas Ocampo, Andrés Caletri López, Armando Campos Osuna, Octavio Ríos Ramírez, Héctor Cruz Nieto, Armando Miranda Luna, Leonardo Sánchez Sánchez, Rubén Palacios Domínguez, Josué de León Arellano, Felipe Franco Soto y Gustavo Alberto Juárez Montes.

De inmediato, Miguel Ángel Vivas Urzúa intentó reponerse económicamente por lo que planeó y perpetro un plagio a un empresario, del cual, logró recaudar 100 mil pesos.

El desmembramiento

El domingo 11 de febrero de 1996 se dan las primeras capturas que anuncian el desmembramiento de la banda de "La Víbora" con la aprehensión de Bogar Manuel González Mendoza o Joel Martínez Melgozar, también conocido como: "El Bogar", "La Pantera"o "El Pirata".

Acusado de plagiar al exdiputado Pablo Torres Chávez el 21 de agosto y asesinar a Fidencio Quintanilla Bravo, huyo a los Estados Unidos. Cuando regresó al estado de Morelos, intentó robar una casa con domicilio en el centro de Ciudad Ayala donde fue capturado y puesto a disposición ante el Ministerio Público.

Dos días después de la captura de "El Bogar" Miguel Ángel Vivas Urzúa, Armando Miranda Luna o Cesar Javier Hernández Reyes y Leonardo Sánchez Sánchez o José Luis Cancheta Sánchez son capturados por agentes judiciales. En el operativo participaron más de 120 agentes judiciales, delegado y subdelegados regionales, así como un agente del

---

[86] Averiguación previa 14/7553/95-12
[87] Dicha información fue proporcionada por Miguel Ángel Vivas Urzúa a los agentes investigadores durante su reaprehensión.

ministerio público, quienes lograron asegurar dos rifles AK-47, dos pistolas Súper calibre .38, dos automóviles: un Spirit y una Ram Charger.[88]

Un mes después de la aprehensión de Miguel Ángel Vivas, uno de sus hermanos fue acribillado por desconocidos y varios miembros de la familia sufrieron un accidente automovilístico.

Lo que realmente resultó un duro golpe para la banda delictiva, fue la muerte de dos hermanos de Miguel Ángel Vivas Urzúa, Ramiro Vivas Urzúa y Benito Vivas Ocampo, así como la de Alfredo García Santiago y la captura de nueve plagiarios el 25 de abril de ese mismo año.

Los hechos ocurrieron cuando los secuestradores con rumbo a una de sus casas de seguridad en Tlayacapan, Morelos llevaban cautiva a la empresaria Gloria Medel, originaria de Izúcar de Matamoros, sin cerciorarse que eran seguidos por agentes policíacos que lograron darles alcance en Huachimantla. De inmediato se desató un enfrentamiento donde murió el comandante Hipólito López y salió herido el subdirector de la Policía Judicial de Puebla, Pedro Pablo Hernández García junto con otro agente que nunca se dio el nombre a los medios de comunicación.

De parte de los plagiadores se logró la detención de Pedro Riquelme Sánchez, Clemente Trejo Sánchez, Alejandro Sánchez González, Carmelo Vergara Rabitán, Roberto Mendoza Quintana, Saturnino Castillo, Rubén Medina, Héctor Pimentel y Emma Catalán.

Días antes de ser ultimado Benito Vivas Ocampo, intentó a través de su hermana Catalina, que ésta se infiltrara en una empresa de seguridad, como lo fundamentó Jesús Castillo García en una de sus columnas:[89]

> ...Una persona que tiene una empresa de seguridad privada recibió la visita de una señora de 27 años que deseaba ingresar a su equipo de trabajo "en lo que fuera". Después de cumplir con todos los documentos requeridos le pidieron que esperara a que le llamaran cuando hubiera alguna vacante, pero la mujer habló varias veces por teléfono preguntando si ya se podía presentar a trabajar. De pronto dejó de llamar y desapareció de la ciudad.

> Entonces el propietario de la empresa se percató de ciertos detalles en la solicitud de empleo que elaboró la aspirante. Por ejemplo, en donde dice "sueldo mensual deseado" puso 800 pesos y más adelante, al poner el domicilio, indicaba que vive en un condominio donde paga 2,500 pesos de renta .

> La aspirante a empleada puso que domina el idioma inglés, contabilidad, administración y algo de computación, que tiene membresía en el Gold's Gim y que su esposo es empresario.

---

[88] GÓMEZ, Sergio. Capturan a La Víbora. Diario La Unión de Morelos, Cuernavaca, 13 de febrero de 1996.
[89] CASTILLO, Jesús. Cambio y Fuera. Periódico La Unión de Morelos. Cuernavaca, 11 de mayo de 1997

Su nombre: Catalina Vivas Ocampo, hija de Santiago Vivas, quien vive en rancho Talyca, y de Yolanda Ocampo, con residencia en los Estados Unidos...

...Cabe recordar que una hermana de Modesto Vivas Urzúa[90] "La Víbora", actualmente preso en el Penal de Puente Grande está o estuvo en la cárcel al comprobarse que colaboraba con la banda de su hermano trabajando en una institución bancaria donde obtenía información sobre las personas con mayores fortunas.

Afortunadamente para este empresario la "aspirante" a empleada fue en cierta forma ingenua y dio su verdadero nombre, pero esto evidencia la posibilidad de que delincuentes profesionales con documentos falsos se infiltren en cualquier empresa con el único fin de obtener información sobre las actividades de los propietarios y consumar un secuestro.

La banda de "El Cubano"

La organización no solo secuestraba, también asaltaban bancos. Su campo de acción se había extendido a Jalisco, Puebla, Nuevo León, Tamaulipas, Estado de México, Distrito Federal y Morelos, siendo este último estado su base de operaciones.

Héctor Antonio Herrera Guzmán "El Cubano", tenía dentro de su estructura a militares, abogados, médicos, agentes policíacos y por supuesto, a vagos que eran reclutados en las zonas de vicios y que fungían como "desechables" o custodios.

Su equipo operativo consistía en armas R-15, AK-47, 9 mm, .40 y .380, así como teléfonos celulares piratas para mantener comunicación,[91] vehículos robados, uniformes policíacos y casas de seguridad

Entre sus robos a bancos se encuentra el de Bancomer y Serfin en Guadalajara con un total de 540 mil pesos robados; Banorte y Banamex en Monterrey, Nuevo León con 190 mil; Bancomer en Ciudad Mante, Tamaulipas con 90 mil y en Toluca, Estado de México lograron robar 200 mil pesos en una sucursal de Banpais.

Dentro de sus secuestros probados en el estado se encuentra el del empresario Adolfo Deguer Claveria; Bernardo Salgado Leguízamo, tío del notario Hugo Salgado Castañeda; Manuel Tovar Ángeles, tío de Leopoldo Tovar, alcalde del municipio de Jiutepec; la gerente del banco INVERLAT de Cuernavaca de nombre Verónica García Cabrera.

En el estado de Puebla secuestraron el 23 de noviembre de 1995 a Carlos Álvarez García; El 23 de marzo de 1996 al dueño de varias gasolineras, Víctor Manuel Montalvo de los Santos y el 22 de septiembre de ese mismo año a María Salazar Apango.[92]

---

[90] Suelo usar el nombre de Miguel Ángel Vivas Urzúa en lugar de Modesto, ya que este era el nombre que usaba en varios de sus documentos personales.
[91] Teléfonos robados con crédito previamente, por lo cual, no se tiene registro de usuario.

A cada candidato a secuestro los plagiarios lo investigaban de una semana a un mes a través de un grupo de inteligencia. El grupo de levante era comandado por un agente militar. Los custodios o "desechables" eran normalmente vagos que necesitaban dinero para sus drogas. El jefe procuraba estar al tanto de todo y castigar a los infractores.

Bernardo Salgado

Solo uno de los 19 días que estuvo cautivo fue traumático y pletórico de adrenalina, ese día fue su secuestro. De éste menciona como él y su hermano fueron sorprendidos al salirle cuatro sujetos armados que les cerraron su paso. "Soné el claxon varias veces con la intención de llamar la atención de la gente pero nadie acudió", comenta Margarito Salgado Leguízamo, hermano del plagiado.

La orden era secuestrar a Margarito, pero a éste lo habían dejado inconsciente debido al golpe que le propinaron con la cacha de una pistola y por equivocación subieron a su hermano, Bernardo Salgado. Resignados por su presa, los plagiarios reanudaron su marcha en un vehículo distinto al primero, ahora era un taxi, donde llevaban a su víctima acostada en el piso.

Durante su cautiverio del 16 de mayo hasta el 4 de junio fue alimentado a base de Yogurt, granola y comida de alguna fonda.

El rescate fue entregado por un amigo de la familia en las afueras de Topilejo, Distrito Federal, dos horas después y con cien pesos para el taxi Bernardo Salgado fue libertado en los suburbios de Tejalpa, Morelos.

Un mes después de denunciar ante la Procuraduría General de Justicia del Estado su plagio fue llamado para reconocer a través de la cámara de Gessel a un presunto secuestrador, quien fue identificado de inmediato por Bernardo.

El plagiario respondía al nombre de Marco Antonio Avilés Sánchez, quien confesó haber participado en los secuestros de Bernardo Salgado, Manuel Tovar y Verónica García Cabrera con la ayuda de Raúl Álvarez Hernández, Jens Herrera Guzmán, Lucio Baena Osorio y otro sujeto al que solo conocía con el apelativo de "Sargento Camacho

Manuel Tovar Ángeles

El 15 de julio de 1996, bajo los rayos del sol morelense, en su rutinaria jornada de la mañana, Manuel Tovar Ángeles revisaba su calera en Jutepec, acompañado de Modesto Orduña su chofer, sin percatarse que era seguido por una camioneta negra que le bloqueó el camino justo cuando un automóvil rojo le cerro el paso. En ese momento dos sujetos con pistola le apuntaban para obligarlo a salir, orden que fue desatendida por el empresario quien ya le había puesto seguro a sus puertas, al ver la negativa del secuestrable uno de los

---

[92] Expediente penal 240/96

plagiarios apuntó su arma y ordenó a Modesto Orduña que se bajara, indicación que fue acatada de inmediato.

Al ver que el lugar de Modesto era ocupado por uno de los plagiarios, Manuel Tovar salió corriendo de su vehículo mientras arrojaba las llaves para evitar que se lo robaran. Su trayecto fue obstruido por cuatro individuos que viajaban en la camioneta negra.

Con la idea de que se trataban de agentes de la Judicial, Tovar Ángeles, exigió que le fuera mostrada la orden de aprehensión en su contra, exigencia que fue respondida con un "cachazo" en la cabeza. Sometido y golpeado por haber creído que eran policías fue subido al vehículo rojo quien aceleró de inmediato con rumbo a la "casa de seguridad" ubicada en la calle Santa María y Santiago de la colonia el Porvenir, en Jiutepec.

Mientras tanto, otros dos sujetos se encargaban del chofer a quien golpeaban "brutalmente" mientras lo amenazaban con matarlo.

¡Mátalo de una vez! Dijo uno de ellos.

No queremos ruido, nomás arrástralo hasta la banqueta, ordenó el otro.[93]

Al asegurarse que sus agresores se habían retirado, Modesto Orduña, corrió a toda prisa a darle parte a la familia de su patrón sin importarle las heridas que llevaba.

Una hora después de ocurridos los hechos, Francisco Tovar, recibió una llamada de los secuestradores de su padre.

...Esto es un secuestro y si quieres a tu padre tienes que entregar diez millones de pesos o le reventamos su madre a tu padre, te hablo el 17 a las cuatro de la tarde.[94]

Con fiebre producto de una herida infectada en la cabeza, Manuel Tovar fue atendido por un médico quien le administró medicamentos para que cesara la infección y tranquilizara sus nervios. Antes de retirarse, el doctor le dijo "no se preocupe, no le va a pasar nada, estos no matan".

Alimentado con hamburguesas y pollo Kentucky, el plagiado era retenido en un cuarto donde solo había una cama, una mesa, una silla y una cubeta para que realizara sus necesidades fisiológicas.

Las negociaciones no prosperaban y el hijo del empresario solo ofrecía 50 mil pesos, razón por la cual, "El Cubano" lo amenazó "eres un pinche avaricioso, busca a tu padre por ahí, tirado en algún campo".[95]

---

[93] CASTILLO, Jesús. Crimen de alta escuela. Periódico La Unión de Morelos, Cuernavaca, 15 de agosto de 1996
[94] Ídem
[95] Ídem.

De todas las llamadas, una resultó particular, "El Cubano" molestó por un artículo de opinión aparecido en un diario estatal que aseguraba que Jiutepec se estaba convirtiendo en un nido de secuestradores amenazó a la familia Tovar:

> "No te quieras pasar de verga, es un juego que yo te enseñé, a mi no me van a poder agarrar porque en los países donde yo he estado me han pelado la verga y esto, como tú lo sabes, es un negocio donde yo expongo mi libertad, la de mi gente, y a tu padre me lo secuestré porque lo investigué mucho tiempo, y esto agradécelo al pinche panzón de tu pariente el presidente municipal, que debe de estar sentado el hijo de su puta madre..."[96]

A diferencia de muchas negociaciones, la de Manuel Tovar resultó llamativa, ya que los secuestradores acordaron con la familia del secuestrado que su forma de comunicarse sería por medio de un periódico estatal que al parecer leían. El mensaje para avisar que ya se tenía el dinero del rescate debía decir:

> Mi padre no ha sido secuestrado, se encuentra gozando de unas merecidas vacaciones y se agradece la solidaridad de todas la gentes.[97]

El mensaje apareció publicado el lunes 22 de julio en el Diario de Morelos, momento después, "El Cubano" se comunicó de nuevo con el hijo del empresario y al saber que no había conseguido el total del dinero exigido vociferó antes de colgar:

> Como eres pendejo te dije que cuando tuvieras el dinero, por eso que hiciste le voy a romper la madre a tu padre.[98]

Minutos más tarde una nueva llamada de los secuestradores fue atendida por Francisco Tovar, en el otro lado del auricular "El Cubano" lo cuestionaba sobre la cantidad recaudada.

> 50 mil, más 80 mil que me prestaron y 20 mil que están por traerme, fue la respuesta.[99]

Al ver que la cantidad demandada no satisfacía su expectativa, el jefe de los secuestradores contestó con improperios, los cuales, fueron seguidos con explicaciones de Francisco Tovar de tener hipotecados por el banco la mayoría de los bienes inmuebles.

Un día después, una llamada de un sujeto que dijo ser "El Cubano" pero con una voz un tanto distinta dijo que 300 mil pesos serían suficientes ya para dejar al empresario libre, cantidad que fue entregada sobre el paseo Cuhaunahuac de Cuernavaca.[100] Horas después "El Cubano" llamó para cuestionar sobre la cantidad juntada, pregunta que fue respondida

---

[96] Ídem
[97] Ídem
[98] Ídem.
[99] Ídem.
[100] De acuerdo a testimonios, los individuos que se comunicaron ese día para exigir los 300 mil pesos pertenecían a la banda de "El Rojo", banda delictiva de la que hablaremos más adelante.

por el hijo del empresario con una "ya te entregamos 300 mil pesos". Héctor Herrera, molesto reivindicó su plagio "yo soy el único que tiene a tu padre y quiero tres millones de pesos". Antes de colgar, advirtió.

Mira hijo de la chingada, de aquí en adelante me vas a llamar "El Cubano", y si otro hijo de la chingada te habla y no te da la clave mándalo a chingar a su madre...[101]

El 31 de julio fue el día aprovechado por Manuel Tovar, quien al ver que sus custodios se encontraban dormidos salió sin hacer ruido de "la casa de seguridad". Una vez en la calle, solicitó auxilio de los transeúntes quienes lo trasladaron a las oficinas de la Policía Judicial. A bordo de una patrulla, regresó a la "casa de seguridad" donde lo tuvieron cautivo en busca de sus plagiarios sin lograr resultados positivos. Momento después, uno de los plagiarios fue interceptado a bordo de un automóvil quien al verse seguido por la policía aumento su velocidad sin lograr evadirla. Capturado e interrogado por los agentes dijo llamarse Marco Antonio Avilés Sánchez. Con su captura se logró ese mismo día la de Raúl Álvarez Hernández.

Al rendir su declaración previa, ambos plagiarios se declararon culpables de ser partícipes del plagio de Bernardo Salgado y Manuel Tovar. Entre sus señalamientos, acusaron a un sargento de la Policía Judicial Militar de apellido Camacho de ser el encargado de la logística de aprehensión y patrocinar los delitos. Entre los nombres barajados por los plagiarios figuraron el de José Avilés Moreno "El Rojo" y Héctor Herrera.

A pesar de que se le encontró ropa negra y una gorra de la Policía Judicial Federal, Marco Antonio Avilés Sánchez, negó todas las imputaciones que el empresario Manuel Tovar y su chofer le hicieron, amenazándolos con demandarlos por difamación. El plagiario que se dijo ser ingeniero industrial aseguró a los medios de comunicación de haber sido torturado por lo que exigió el apoyo de Derechos Humanos.

Las caídas

Unos pocos de los secuestrados se atrevía a denunciar los hechos ante las autoridades, quienes con deficiencias tácitas fueron armando expedientes de investigación para "resolver" cada uno de los casos.

En la calle una sociedad se organizaba en grupos con varios nombres, "Grupo Cuautla" era uno de ellos, el cual, exigía la captura inmediata de los integrantes de la banda de "El Cubano".

La presión a las autoridades de los medios de comunicación nacional y estatal, organismos no gubernamentales y sociedad civil dieron resultados positivos.

---

[101] CASTILLO, Jesús. Crimen de alta escuela. Periódico La Unión de Morelos, Cuernavaca, 15 de agosto de 1996

Héctor Herrera Guzmán "El Cubano" fue detenido y puesto a disposición junto a Edgar Samuel Montiel Gómez, Tirzo Zúñiga Várgas, Armando Sánchez Barbosa y los militares Jeans Herrera Guzmán, [102] Sergio Martín Camacho Mendoza,[103] Arturo Zaragoza Garrido, Jesús Carvajal Rosales y José Avilés Moreno.[104]

Dentro de los aprehendidos aparecen los abogados militares Antonio Alcántara Pastor y Marco Armas como los encargados de resolver los problemas de tipo legal mientras laboraban en el jurídico de la Policía Judicial Militar

Un alto mando castrense aparece dentro de la lupa de la inteligencia militar acusado de tener relaciones amistosas con los plagiarios y conocido con el nombre de Sócrates Alfredo Herrera Pegueros.

Herrea Pegueros en ese momento era Teniente Coronel que había encabezados al grupo antinarcóticos "Chihuahua" de la Procuraduría General de la República en noviembre de 1995. Dentro de su currículum vitae figuraba el haber sido subdirector de la Policía Judicial Federal Militar y el haber combatido al Ejército Popular Revolucionario en Guerrero.[105] A este último ya no se le siguió investigando.

Los dragones negros

Llamados así por su vestimenta negra que los asemejaba a elementos de la policía ministerial, los dragones negros comandados por Eligio Cantoriano Rey y sus lugartenientes Ángel Rojas Mendoza y Alfredo Gómez Nájera llegaron a ser una de las bandas más numerosas del estado. Algunos investigadores de la policía comentan que eran más de cien integrantes repartidos en varios estados de la república los que conformaban dicha banda delictiva.

El municipio de Temixco fue su centro de operaciones, lugar donde decidían cuando, donde y a quien plagiar. Sus miembros, reclutados entre los viciosos y desempleados de distintas regiones actuaban en Morelos, Guerrero, Distrito Federal y Estado de México. Dos abogados de planta y varios expolicías ayudaban a la protección y planeación de los secuestros.

Tanto Eligio como Ángel y Alfredo se conocieron cuando estaban recluidos en la cárcel, lugar donde hicieron amistad y planearon nuevos plagios una vez se vieran libres. Entre sus colaboradores se encuentra el expolicía, Félix Baylón -quien le vendía rifles AK-47 a la banda por cinco mil pesos-;[106] Margarito Javier López; Hugo Hernández Reyes; Marisol

---

[102] Hermano de "El Cubano" con grado de Sargento de la Policía Judicial Militar

[103] Con grado de Sargento Segundo en la Policía Judicial Militar era conocido dentro de la banda como "Sargento Camacho" encargado de la logística en las aprehensiones.

[104] Exsoldado raso

[105] RICARDO, Ravelo. Contra el narco, Jorge Madrazo depura la Policía Judicial con la incorporación de militares. Revista Proceso, México, 14 de julio de 1997.

[106] Los "Cuerno de Chivo" los traían desde Guerrero, lugar donde se pueden conseguir hasta por dos mil pesos.

Hernández Reyes; Jorge Camilo Calixto; José Pacheco Olea; Ricardo Nájera Villalba; José Luis Chino Aguilar de Tetecala, Morelos y un sujeto al que solo se conoce como Baltasar alias "El Camote".

Eligio Cantoriano Rey se retiró de la banda después del plagio de las niñas Merino Ortiz Mena, que terminó con la captura de Miriam Hernández y su hermano Josué. En ese momento Ángel Rojas quedó al frente de "Los Dragones Negros".

Ángel Rojas de 23 años, con estudios inconclusos de primaria, de oficio campesino y oriundo de Miacatlán, Morelos azotó varios estados con una serie de secuestros. Entre los más sobresalientes se encuentra el dueño de una tortillería de nombre Nicandro Ramírez, quien vive en Miacatlán, Morelos por el que recibieron 90 mil pesos, del mismo lugar plagiaron al sobrino del presidente municipal por el que lograron obtener 95 mil pesos. De Puente de Ixtla, Morelos, plagiaron al comerciante Adrián Espín y Raúl Cuevas.[107] En Jiutepec, Morelos recibieron de la familia Muños García 80 mil. Por el industrial Darío Maya López, Carlos Delgado Rivera y Edmundo González Isaías exigieron un rescate superior a los dos millones de pesos, cifra que fue reducida en un gran porcentaje. Además de secuestrar a Erick Winzer; María Luisa Hernández de Turatti; Mónica Jaramillo; un pariente del exdiputado Ángel Rivera Bello; un joven de 23 años hijo de un líder de la CTM y varios más.

Los secuestradores tenían entre su estructura al menos a dos abogados encargados de tramitarles amparos cuando alguno de ellos era detenido o pagar las multas cuando eran amonestados por la policía. El abogado Marcos Armas, encargado incluso, según los plagiarios, de conseguir información sobre los secuestrables,[108] en un intento de "inteligencia criminal", trató de conseguir información que posiblemente sería utilizada en contra de un reportero de la Unión de Morelos, ya que éste, empezó a ser un dolor de cabeza para la organización.

¿Podría regalarme una tarjeta suya?

Con gusto, pero ¿por qué quiere una tarjeta mía?

Porque usted es el periodista que ha estado escribiendo lo de los secuestros y quisiera ponerme en contacto con usted posteriormente

Aquí tiene mi teléfono, pero ¿con quién tengo el gusto?

Prefiero omitir mi nombre por el momento, yo lo busco después.[109]

---

[107] Ambos comerciantes fueron secuestrados por Luciano Hernández Mares bajo las órdenes de los mandos de los "Dragones Negros", quienes solicitaron por su rescate un millón de pesos, cantidad que disminuyó conforme avanzaban las negociaciones. Averiguación Previa PI/657/95-07

[108] Por esta razón, tuvo que protegerse con un amparo federal para evitar ser aprehendido.

[109] Infructuosa cacería contra secuestradores. Periódico La Unión de Morelos, Cuernavaca, 11 de octubre de 1996.

Erick Winzer

Durante su cautiverio, el pastelero Erick Winzer comenta ante el Ministerio Público algunos acontecimientos que se dieron a raíz de una publicación aparecida en un diario estatal el día 9 de junio.

Según relata la víctima del plagio, todo inició cuando uno de los secuestradores entro a la "casa de seguridad" en forma estrepitosa mientras le decía "Pinche alemán, cómo vamos a creer que tu familia no avisó a la judicial" al tiempo que le daba un puntapié. Esto sorprendió a uno de los "desechables" quien de inmediato cuestionó el proceder.

Parte de la respuesta se encontraba en la cabeza de un periódico que decía: "Otro empresario secuestrado".

Secuestrado y secuestrador mantuvieron un diálogo, el primero con la intención de disminuir el hecho, el segundo solo se dejaba llevar por sus impulsos patológicos.

"Ni madres, tu vieja la regó, te está delatando", aseguró el plagiador en forma imperativa.

"No es cierto, mi esposa no lo ha denunciado a la Policía", debatía el hombre de 70 años.[110]

Sin la venda en la cara y con una severa infección en los ojos, Erich Winzer recibió el periódico para que leyera lo siguiente.

...era la hora de cerrar y Winzer fue alcanzado por al menos cinco sujetos armados que lo obligaron a subir a una camioneta, según versiones de vecinos...

...de acuerdo con fuentes cercanas a la familia, se ha establecido ya contacto con los plagiarios y se pagó parte del rescate en una entrega en la que adicionalmente se enviaron medicamentos para el secuestrado, quien tiene padecimiento de salud que requiere tratamiento constante

"...cómo es posible que un reportero se entere de que tu esposa ya entregó parte del rescate" le decía el plagiario mientras seguía golpeando al hombre de 70 años. Unas horas después los golpes e insultos se repitieron cuando en el noticiario nocturno de Televisa leyeron la nota de su secuestro.

Ese día los plagiarios se comunicaron con la esposa del pequeño empresario, el plagiario inició la conversación que se fue volviendo ríspida.

¿Qué pasó señora?

¿Que pasó de qué?

---

[110] Averiguación previa SC/4731/96-06 de la Procuraduría General de Justicia.

Oiga, ¿cómo ve lo del periódico?¿Ya anduvo buscando haber sino encuentra a su esposo por ahí?

¿de qué periódico? Yo no he salido para nada.

No nos hagamos pendejos, gritó el hombre.

Le digo que yo no he salido para nada

¿quiere encontrar muerto a su esposo?... hasta hoy tiene, y yo quiero la cantidad que le pedí sino olvidemos el trato.[111]

En la averiguación previa, el empresario declara que uno de los "desechables" le dijo que la Policía Judicial estaba involucrada en el secuestro y que su director, Jesús Miyazawa era incapaz de detenerlos.

Uno de ellos me relató su vida y su origen, diciéndome que su padre, que ahora es jubilado, era comandante del cuerpo policiaco federal de la época de Díaz Ordaz, y qué él trabajaba en la Procuraduría de Justicia de Morelos, y para que viera que es cierto me mostró una placa y me obligaron a leer la leyenda y decía "Policía Judicial del Estado de Morelos", abajo decía "agente judicial" y en el centro traía un emblema del estado de Morelos.[112]

La liberación del empresario se dio una vez que su hijo pagó el rescate a la altura del puente Palmira en Cuernavaca el 12 de junio, al respecto, Winzer comenta:

...como a las dos horas regresaron, entraron y dijeron "ya al rato te vas", se sentaron en el piso y al parecer abrieron las bolsas...

... Contaron el dinero demorando casi una hora y repartirlo en partes iguales; al parecer el que dirigía y repartía les entregó a cada quien su parte, aclarando que en lo que hacían tiempo bromeaban y fumaban marihuana, indicándome que ya me iba, levántate, quitándome la venda grande y me colocaron la venda chica, sacándome del cuartito...

El recorrido de la casa de seguridad al lugar donde dejaron a Winzer tuvo un lapso de 30 minutos aproximadamente, durante el camino recibió la orden de permanecer acostado hasta que llegaran por él.

Sus familiares lo encontraron a un costado de la autopista México-Cuernavaca a unos metros del fraccionamiento Insurgentes.

---

[111] Ídem
[112] Ídem

Un testigo protegido[113]

Con poco dinero, la madrugada lo había sorprendido dentro de la discoteca "Relax" en Acapulco cuando fue invitado a seguir tomando por dos desconocidos que vestían con ropa cara y varias ornamentas de oro.

Quiubo mano, no estés tan solito véngase vamos a convivir, le dijo Ángel Rojas en forma amable para después dirigirse al barman, ¡Mesero! ¡Otra ronda de whiskeys!

Así estuvieron hasta que empleados del antro les solicitaron abandonar el lugar debido al horario de cierre. De su cartera pletórica de billetes de alta nominación, "El Rojo", pagó con dos de 500 pesos y salió junto con su acompañante a la calle en busca de un taxi.

"¿Quieres seguir con nosotros?, estamos hospedados en el Hotel El Cano", preguntó Ángel Rojas al nuevo invitado quien en señal de agradecimiento por la juerga asintió en forma positiva y se ofreció a llevarlos en una camioneta propiedad de un tío suyo que momentos antes le había prestado para su velada.

Después de un tiempo en el Hotel, salieron con dirección a unos departamentos de la unidad habitacional Alta Progreso en las afueras del puerto, lugar con construcciones deplorables debido a la salinidad del aire. Después de permanecer sentado en uno de los pocos muebles que había en el lugar, se percató que sus anfitriones sacaban armas de grueso calibre mientras consumían cocaína y marihuana. El trato amable que en un primer momento la habían dado ahora se volvía hosco e imperativo, razón por la cual, el invitado trató de despedirse de los plagiarios recibiendo como respuesta una negativa de "El Rojo".

No manito, ya viste mucho y no nos vamos a arriesgar a que nos delates, así que mejor nos das las llaves de tu camioneta

Temeroso, el ahora secuestrado, observó que un tercer sujeto apodado "El Pelón"[114] llegó al lugar invitado por Alfredo Gómez Nájera y Ángel Rojas Mendoza, al parecer miembro de la misma banda.

Desde su cautiverio el 16 de agosto de 1996, el secuestrado era forzado a mantener relaciones sexuales y prepararles alimentos a sus captores. Su camioneta de color azul, fue pintada de gris presumiblemente para realizar algunos actos delictivos en la zona.

Ocho días después, los tres plagiarios y su víctima salieron rumbo a Morelos, deteniéndose en un lugar llamado El Tejocote, del poblado Santa María Ahucatitlán con la finalidad de descargar unas cajas de grabadoras supuestamente robadas y guardarlas en una casa donde se encontraba Ignacio, hermano de Alfredo Gómez Nájera también llamado "El Gordo".

---

[113] Información obtenida de la serie de reportajes, del periódico. La Unión de Morelos. REDACCIÓN Convivió con lo secuestradores, escapó y los delató. Cuernavaca, 10 de octubre de 1996
[114] Tiempo después las autoridades conocieron el nombre verdadero de este tercer sujeto quien respondía a Jorge Camilo CalixtoMorales.

Al atardecer, los tres delincuentes junto con su víctima se dirigieron rumbo al Distrito Federal, desviándose en un lugar llamado La Cruz y tomar una terracería que los adentraba en la arbolada hasta llegar a una cabaña, lugar donde tenían guardadas varias armas de grueso calibre y de uso exclusivo militar.

De regreso, entre las pláticas escuchadas por el plagiado, se enteró como el 2 de agosto habían herido de un escopetazo al agente de tránsito José Luis López de la patrulla 0043.

El vehículo donde era trasportado el secuestrado se detuvo en la colonia Álvaro Leonel de Yautepec, lugar donde la víctima fue bajada y atada nuevamente. Al lugar se dieron cita varios sujetos armados que llegaban a veces solos para planear nuevos "golpes" o consumir drogas mientras limpiaban sus armas. Todos usaban apelativos o solo se llamaban "pareja".

La oportunidad de huir de sus secuestradores se logró la noche del jueves 29 de agosto, cuando fue enviado a comprar a una tienda de abarrotes. Tan pronto se vio fuera del alcance de sus captores tomó un taxi con dirección a la base Zapata de la Policía Preventiva y así dar parte.

Al no conocer el estado y mucho menos el lugar donde permaneció en cautiverio, la información proporcionada por la víctima fue herrada. Las patrullas dieron por varias horas solamente vueltas sin rumbo fijo, razón por la cual, decidieron regresar.

Sin llegar aun a la base, uno de los comandantes de policía decide regresar a la búsqueda de los delincuentes logrando dar con la camioneta gris propiedad de la víctima. A una distancia prudente, dos agentes bajan de la patrulla para investigar cuando ocho sujetos vestidos de negro y con armas largas salieron del lugar para abordar la camioneta gris. Los policías al ver esto tuvieron que esconderse debido a la superioridad numérica y armamentista de los delincuentes.

Con la información proporcionada por el testigo y víctima, la Policía Judicial del estado montó una serie de operativos para capturar a los delincuentes. El primero de ellos se efectuó en la calle Vicente Guerrero de la colonia Álvaro Leonel, lugar dónde permaneció por última vez el informante. Los Judiciales al entrar solo lograron asegurar una pistola .9 mm, aceite para limpiar las armas y otras cosas de menos valor pericial.

María Isabel Hernández Ortiz, José Elías Hernández y su hijo[115] fueron presentados ante el Ministerio Público para que fueran interrogados sobre los sujetos que vivían en su propiedad.

Entre la información sobresaliente fue la dada por el hijo de José Elías Hernández, José Isabel Hernández Ortiz y la señora María Isabel. El primero dijo que conocía "Al Chuy" quien a su vez le presentó al "Rojo" sin tener conocimiento de su *modus vivendi*, mientras

---

[115] Los dos últimos rentaban los cuartos donde residían los secuestradores.

que la mujer dijo conocer a Florentino Flores Vivas y Rafael Ignacio Gómez Nájera,[116] así como su domicilio.

La información proporcionada sirvió para que se pudieran planear nuevos operativos con la finalidad de capturar a la banda de secuestradores. Los primeros resultados se obtuvieron en la colonia Santa María Ahucatitlán, donde lograron apresar a Hilario Hernández Benítez, Ignacio Gómez Nájera y Emiliano Flores Rodríguez, este último, expolicía preventivo. Mientras tanto, otro grupo de policías irrumpía en la casa de Florencia Flores Vivas sin tener resultados positivos y aseguraban la choza donde se tuvo secuestrado a Erich Winzer.

El 5 de octubre, a orillas del río La Huerta de Xochitepec, fue encontrado con aproximadamente 30 balazos quien fuera el "testigo protegido" de la Policía Judicial, Juan Félix Miranda quien en vida se dedicaba a robar autos. De acuerdo a información dada tiempo después por los plagiarios, los sicarios Félix Baylón Contreras, José Pacheco y Alfredo Gómez Nájera fueron los que asesinaron a Feliz Luna como represalia por la captura del hermano de este último, Ignacio Gómez Nájera.[117]

Soborno policiaco

Cuando se dirigía en su camioneta Chevrolet rumbo a Acapulco, Ángel Rojas fue sorprendido por seis elementos de la Policía Judicial Federal a la altura de la comunidad de Alpuyeca, Morelos, quienes de inmediato lo sometieron para subirlo a una camioneta suburban color verde mientras le decían que era buscado por la Policía por los delitos de secuestro.

De inmediato, uno de los agentes policíacos lo encaró para amenazarlo que de no entregar 100 mil pesos y la camioneta que llevaba sería entregado a las autoridades. 24 horas después el cuñado de Ángel Rojas, el sacerdote Lauro Hernández Reyes entregó los 100 mil pesos y los documentos de la camioneta a los oficiales de policía en el panteón de Alpuyeca.[118]

La misma suerte la tuvo Miguel Ángel Arellano Flores, "El Perro" de 19 años de edad e hijo de un Policía Judicial del Estado de México, cuando varios sujetos a bordo de una camioneta Ram Charger color verde, un Jetta blanco y una Suburban lo interceptaron y aprehendieron. De uno de los vehículos salió un individuo alto, gordo, moreno y con lentes que le exigió 100 mil pesos por dejarlo en libertad.

Después de siete horas, la madre del "Perro" llegó al mausoleo de La Paz para entregar siete mil pesos y una cadena de oro por la libertad de su hijo.

La captura de los líderes

---

[116] Hermano de uno de los dos lugartenientes de la banda.
[117] Ejecutan a testigo. Periódico La Unión de Morelos, Cuernavaca, 21 de octubre de 1996.
[118] Información que aparece en la averiguación previa TX/1614/96-11

Algunas de las pistas obtenidas por la Policía Judicial que dieron como resultado la aprehensión del lugarteniente de los "Dragones Negros", Alfredo Gómez Nájera, se dio cuando se logró aprehender mal herido a Filemón Vázquez Sotelo durante un enfrentamiento en la comunidad de Acatlipa. Horas después, Filemón murió en el Hospital General de Cuernavaca. En esa ocasión la policía liberó a José Flavio Arreguín Reza, Moisés López Romero y las hermanas Miriam y Zaira Arizmendi González, mas no así al hermano de éstas, Samuel Arizmendi quienes horas antes habían sido secuestrados por elementos de esta banda.

El primero de los jefes en "caer" fue Alfredo Gómez Nájera "El Gordo", cuando salía de un prostíbulo ubicado en la comunidad de Jiutepec. Acusado de portar arma de fuego por alguno de los presentes, elementos de la Policía Municipal –quienes ya tenían un retrato hablado- se le acercaron para capturarlo la madrugada del 27 de octubre. De inmediato, "El Gordo" fue entregado a la Policía Judicial para que esta corporación realizara las investigaciones pertinentes.

En relación a los datos proporcionados por el lugarteniente de Ángel Rojas, la Policía Judicial preparó un operativo que duró cerca de 11 horas, donde trabajaron en conjunto varias corporaciones con el Procurador de Justicia, Carlos Peredo Merlo; el director de la Judicial, Jesús Miyazawa y el comandante Armando Martínez al frente del operativo que dio como resultado la captura de varios secuestradores, entre ellos al jefe de la banda, Ángel Rojas Mendoza.

El operativo se efectuó en la calle Ignacio Zaragoza del poblado de Temixco, donde se encontraba Ángel Rojas y varios de sus elementos en una de sus "casas de seguridad"

La mañana del jueves 28 de noviembre de 1996, un comando judicial del Grupo Antisecuestros tomó posiciones alrededor de la "casa de seguridad" con el objetivo de aprehender al mayor número de secuestradores posible. El objetivo se vio retrasado por más de nueve horas debido a las amenazas de muerte contra dos de los plagiados que los secuestradores tenían en su poder.

En las afueras del lugar, observando, se encontraba uno de "los desechables o custodios" de nombre Miguel Ángel Arellano Flores quien había salido a comprar alimento para los secuestrados. Al ver la Suburban blanca de la judicial optó por retirarse del lugar sin levantar sospechas.[119]

Dos horas después de iniciado el operativo, más de un centenar de efectivos municipales, judiciales y federales con la ayuda de un helicóptero que sobrevolaba eran repelidos una vez más por los plagiarios que accionaban sus armas AK-47[120] y exigían la presencia de algún alto funcionario que les garantizara su huida.

[119] GÓMEZ, Sergio. Cae otro "Dragón Negro". Periódico La Unión de Morelos, Cuernavaca, 7 de diciembre de 1996.
[120] Mejor conocidas como Cuernos de Chivo por el tipo de cargador que usan.

Ya no queremos más violencia, solo queremos irnos, pero pedimos que la negociación se pueda hacer con algún personaje de alto nivel en el gobierno que nos garantice seguridad.[121]

Las peticiones fueron escuchadas por el Procurador Carlos Peredo Merlos, quien momentos antes había llegado.

Señor, ya no queremos violencia, lo único que pedimos es una camioneta en la que podamos escapar...

...Escaparemos con los rehenes a los que dejaremos abandonados en algún punto de la ciudad. Lo único que pretendemos con esto es saber que nuestras vidas serán respetadas...[122]

Así iniciaron una serie de negociaciones estériles por más de tres horas hasta que el Procurador anunció su retirada. En su lugar quedaba el director de la Policía Judicial, Jesús Miyazawa y el comandante Armando Martínez Salgado, quienes de inmediato fraguaron un plan para presionarlos psicológicamente.

Debido a que el techo de la "casa de seguridad" era de asbesto, varios elementos policíacos bajo las órdenes del comandante Armando Martínez Salgado empezaron a lanzarles piedras con la intención de derrumbar el techo y presionarlos a salir, mientras tanto, el comandante daba órdenes a sus francotiradores de prepararse y les gritaba palabras altisonantes a los plagiarios.

Esto provocó la histeria de los rehenes, quienes confundidos por tener los ojos vendados creían que se había desatado una balacera donde morirían.

El primer rehén de nombre Samuel Arizmendi González fue liberado después de las seis de la tarde junto con dos de sus secuestradores, quienes fueron seguidos minutos más tarde por otro de sus compañeros. En ese momento Jesús Miyazawa y varios agentes más se encontraban cerca de la puerta de la "casa de seguridad".

Al sentirse perdido, Ángel Rojas apuntó la pistola a su cabeza y amenazó con suicidarse, mientras que Miyazawa se acercaba con cautela y lo persuadía de no atentar en contra de nadie, acto seguido tomó la pistola de éste y se la quitó, momento que fue aprovechado para escapar por Gonzalo Adán Piña Ramírez, último rehén que seguía en cautiverio.

Los secuestradores que fueron aprehendidos son: Ángel Rojas Mendoza, José Ramírez Álvarez, Ricardo Nájera Villalba, José Pacheco Olea, Salvador Ramírez Hernández y José Luis Chino Aguilar, así como tres armas AK-47, una escopeta, una pistola .9 mm, un costal con cartuchos útiles y una motocicleta Ninja

---

[121] CASTILLO, Jesús. Capturan al "Rojo". Periódico La Unión de Morelos, Cuernavaca, 29 de noviembre de 1996.
[122] Ídem.

De acuerdo a la declaración preparatoria efectuada el lunes 2 de diciembre ante el juez primero de lo penal, Ángel Martín Carvajal Beltrán,[123] los plagiarios tenían pensado iniciar una serie de secuestros a niños de distintos puntos del estado con la finalidad de negociar la liberación de Alfredo Gómez Nájera.[124]

A pesar de que se les atribuyen más de dos millones de pesos recaudados en 15 plagios, los "Dragones Negros" se declararon insolventes al "malgastaron su dinero",[125] razón por la cual solicitaron defensor de oficio.

El lunes 2 de junio, seis de los secuestradores fueron trasladados a los Centros de Readaptación Social de Almoloya de Juárez y Puente Grande, Jalisco, dónde purgan condenas de más de 30 años de prisión

Los Puente de Ixtla

En un rápido operativo efectuado por una veintena de agentes del grupo Antisecuestros de la Policía Judicial fueron sorprendidos varios sujetos de la colonia San Mateo, la Herradura y Emiliano Zapata del poblado de Puente de Ixtla la madrugada del martes 18 de junio de 1996.

Por su presunta participación en al menos 12 plagios fueron detenidos Jesús Urbina Pichardo de 32 años y con domicilio en calle Matamoros de la colonia San Mateo; Martín Urbina Pichardo de 33 años y con domicilio en calle Altamirano no. 6 de la colonia la Herradura; Antonio Maya Beltrán, de 28, Carlos Castrejón Benítez de 23 años y el supuesto jefe de la banda Francisco Javier Castrejón Benítez con domicilios en calle Zapata de la colonia del mismo nombre.[126]

Sin nadie que testificara en su contra, familiares y amigos de los detenidos promovieron una amparo ante el Tribunal Unitario de Circuito que los dejó en libertad antes de sucedidas las 24 horas.

Marcelino Soto Camacho, delegado de la PGJE del Sector Central, declaró ante los medios de comunicación que lo único que se había podido relacionar a los presuntos plagiarios hasta ese momento era "con una tentativa de plagio en agravio de Avenicio Olivares Olivares pues Adrián Espín Bahena quien se cree que estuvo en poder de esta banda por espacio de una semana se ha negado a identificar a los captores".[127]

---

[123] Gómez Sergio. Rinden su declaración preparatoria. Periódico La Unión de Morelos, Cuernavaca, 3 de diciembre de 1996.

[124] CASTILLO, Jesús. La captura de los secuestradores evitó un incremento de criminalidad. Periódico La Unión de Morelos, Cuernavaca, 4 de diciembre de 1996.

[125] CASTILLO, Jesús. Presuntos secuestradores se declaran insolventes. Periódico La Unión de Morelos, Cuernavaca, 11 de diciembre de 1996.

[126] GÓMEZ, Sergio. Capturan a banda de secuestradores en Puente de Ixtla. Periódico La Unión de Morelos, Cuernavaca, 19 de junio de 1996.

[127] GÓMEZ, Sergio. Liberan a presuntos plagiarios de Puente de Ixtla; nuevos detenidos en Amacuzac. Periódico La Unión de Morelos, Cuernavaca, 20 de junio de 1996.

Por otra parte, los plagiarios en boca del presunto jefe de la banda y excomandante de la Policía Municipal de Zacatepec, Francisco Javier Castrejón Benítez, se dijeron torturados y amenazados por los agentes judiciales, quienes actuaron en venganza ya que Javier Castrejón al fungir como jefe de la Policía Municipal detuvo a Crescencio Reyes, comandante de la Policía Judicial mientras ingería bebidas alcohólicas en un bar.

A más de cinco meses de ocurrida la captura y liberación de los ixtlecos, una nueva orden de aprehensión fue girada en contra de Francisco Castrejón Benítez por su presunta relación con el plagio de Adrián Espín Bahena y el intento de plagio contra Avinicio Olivares Olivares.

Con evidente molestia por los acontecimientos, Castrejón Benítez, declaró.

Hasta el momento no hay nadie que me acuse por secuestro, el caso de Evancio Olivares Olivares, es ya pasado... me detuvieron hace meses y por falta de elementos me pusieron en libertad. Es más, él ya retiró los cargos en mi contra y solo dejó los de lesiones".[128]

Mientras tanto el director de la Policía Judicial, Jesús Miyazawua Álvarez, aseguró que los cargos por los que fue detenido Castrejón Benítez son robo, asociación delictuosa, privación ilegal de la libertad y usurpación de funciones ya que el día del intento de plagio contra Olivares Olivares los plagiarios se identificaron como agentes de la judicial federal.

Los Chupacabras

Al igual que muchas bandas pequeñas de plagiarios, "Los Chupacabras" fueron símbolo de descapitalización para muchas familias. Los delincuentes acostumbrados a exigir grandes cantidades de dinero lo malgastaban en cuanto lo obtenían en prostitutas y drogas.

La Banda de "Los Chupacabras", fue conformada y comandada por el ayudante de albañil Carlos Hurtado Salgado, originario del poblado de El Estudiante, quien en "sus ratos libres" se dedicaba al secuestro para obtener "un dinerito extra".

Fernando Ronce Hernández fue una de las víctimas. Los hechos ocurrieron cuando Fernando, en compañía de su hermano Vicente se encontraba a pocos metros de su rancho ubicado en las cercanías de la comunidad La Tigra cuando varios sujetos les salieron por asalto y los sometieron. De forma inmediata, Fernando fue subido a un vehículo pick up color verde claro.

Los plagiarios se comunicaron con los familiares en cuanto pusieron a su víctima en una "casa de seguridad". La cantidad exigida era, como de costumbre en los plagios, estratosferita e impagable por la familia quien ya había denunciado los hechos.[129]

---

[128] GÓMEZ, Sergio. Plagiario detenido. Periódico La Unión de Morelos, Cuernavaca, 11 de diciembre de 1996.
[129] Averiguación previa PI/251/97-04.

El 7 de mayo, el ganadero Fernando Ronce logró fugarse de "la casa de seguridad" y dar parte a la policía quien de inmediato montó un operativo que dio como resultado la captura del total de la banda e integrada por Amalio Miranda Rivera alias "Bonete" de 35 años y con domicilio en el poblado de la Tigra; Zacarías Velzquez Domínguez de 35 años y con domicilio en la colonia Pedro Amaro de Jojutla; Benito Marquina Apáez del poblado El Estudiante y Carlos Hurtado Salgado "El Chupacabras".

Los Gamarra

Habían pasado cinco meses del plagio de su hijo cuando una nueva llamada lo sorprendió. La misma voz que meses antes le había exigido un millón y medio de pesos ahora le exigía 100 mil para evitar que uno de sus familiares fuera secuestrado.

Con temor a represalias se dirigió ante el Ministerio Público para denunciar la extorsión y el plagió de su hijo.[130]

Era 30 de mayo de 1996 cuando los agentes del Grupo Antisecuestros iniciaron las investigaciones que dieron pistas importantes. La captura del cabecilla y su lugarteniente fue cosa fácil, comenta un agente policíaco.

Al verse sorprendidos, Eugenio Gamarra jefe de la banda, en compañía de su lugarteniente Gregorio Aragón intentaron sobornar con 40 mil pesos a los agentes policíacos, quienes interpusieron una denuncia por cohecho y secuestro.[131]

Durante sus declaraciones ante el Ministerio Público, Eugenio Gamarra Palma expuso que fue venganza el motivo del secuestro de Norberto, ya que meses antes Epifanio Sotelo, padre del plagiado, le compró su mina de arena y pasó de ser dueño a empleado. Posteriormente fue despedido.

Sin trabajo y molesto por el actuar de Epifanio, Eugenio Gamarra maquinó la forma de secuestrar a un vástago de la familia Sotelo. A los planes se unió Gregorio Aragón y cinco sujetos más.

A bordo de una combi color blanco y armados con rifles de asalto AK-47 y pistolas calibre .22 y 9 mm, los plagiarios sorprendieron en la mina 3 de Acamilpa a Norberto Sotelo Eloisa cuando cargaba de arena un camión. De inmediato, guardias del lugar abrieron fuego contra los secuestradores pero tuvieron que huir por su inferioridad numérica y armamentista.

Golpeado y desconcertado, el joven de 25 años fue conducido a un lugar ubicado entre los Sauces y los Limones de la sierra de Chinameca, lugar donde permaneció 15 días.

---

[130] Averiguación Previa CT/5/1567/96-05.
[131] Averiguación Previa JO/1/1205/96-09.

"Mire hijo de la chingada, tenemos a su hijo y al menos que nos de un millón 500 mil pesos se lo va a llevar la chingada", fueron las palabras de "Juan" pseudónimo de Eugenio Gamarra.

De inmediato se dieron las negociaciones que concluyeron con un pago de 500 mil pesos en Cerro Grande, Jantetelco y cuatro meses después la captura de los secuestradores, los cuales, fueron trasladados al Centro Federal de Readaptación Social en Puente Grande, Jalisco.

El Mochaorejas

Reflejo de la descomposición de los cuerpos de seguridad, el exagente policiaco Daniel Arizmendi y su familia organizaron la banda más grande del estado. De no haber sido puesto en libertad cuando fue capturado por robo de autos, la historia de Daniel Arizmendi y la banda de "El Mochaorejas" hubiese pasado desapercibida.

Durante sus inicios delictivos Daniel Arizmendi se dedicaba al robo y venta de autos. Lo había aprehendido durante su estancia en la Policía Judicial. Lo hacía en momentos inapropiados. En calles transitadas o frente a los agentes de seguridad. Pero la suerte suele acabarse.

Un día Aurelio Arizmendi no tuvo las precauciones necesarias y fue capturado por la policía. No tardó mucho en hablar. "Mi hermano está en este negocio, es Daniel y ahorita se encuentra en...", dijo. Momento después los dos se encontraban bajo la vigilancia policíaca.

La averiguación previa fue mala. Suele ser así. El Ministerio Público no buscó los propietarios de los vehículos robados. Mucho menos a alguien que testificara y aportara pruebas. Mireille Roccatti Velásquez, juez tercero de lo penal no pudo proceder como debía.[132]

> ...ahora lamento muchísimo que el ministerio público que me haya aportado esas pruebas, viendo lo que sucedió con esa persona, cómo se revirtió su odio contra la sociedad y cómo actuó de manera terrible, pero en esos momentos con los únicos elementos que tenía condené a Aurelio Arizmendi -su hermano- a seis años de prisión.[133]

Daniel Arizmendi fue puesto en libertad mientras su hermano se quedaba a purgar su condena. La vivencia hizo reflexionar a Daniel. Mucho riesgo y poco dinero. Necesitaba algo más redituable. Los secuestros eran el negocio ideal. Era el momento de tener lo que no pudo cuando fue obrero de la fábrica de Ligas "El León" y poner en práctica los conocimientos adquiridos en la judicial en tiempos de Lauro Ortega.

---

[132] Tiempo después, Mireille Roccatti Velásquez, fue presidenta de la Comisión Nacional de los Derechos Humanos (CNDH)

[133] Entrevista a Mireille Roccatti. Periódico El Sol de Toluca, Estado de México, 11 de junio de 1998.

Con pocas personas bajo su mando, Daniel, pone su mirada sobre la primer víctima y la captura. Es 1996. Llega a su casa. Ve a su mujer y le dice:

Me retiro del robo de autos, ya no es negocio. Ya tengo otro negocio. Ya tengo una persona y voy a pedir dinero por ella.[134]

Su mujer, María de Lourdes Arias, se inquieta, presiente calamidad y trata de persuadirlo

Has otra cosa, no nos pongas en riesgo. Hay que vender algunas propiedades y poner un negocio.[135]

El corazón de la mujer se acelera al escuchar la respuesta. La decisión estaba tomada. La convicción de Daniel era tácita. Comenta en forma irónica.

Yo no sé hacer nada bien, lo único que sé es portarme mal.[136]

A partir de ese momento la vida de la familia Arizmendi cambió en forma drástica. En pocos meses el plagiario significó el acabose de sus víctimas. 51 plagios y tres homicidios oficialmente registrados, otros más sin registrar. Su rango operativo abarcaba los estados de Morelos, Distrito Federal, Estado de México y Querétaro.

Los familiares no tardaron en involucrarse en las actividades delictivas de Daniel.

La esposa de Daniel Arizmendi, María de Lourdes Arias García, se dedicó al robo de vehículos una vez que su marido se metió de lleno a los secuestros, pero después ella colaboraba en la logística y toma de decisiones de a quién habría de privarse de su libertad. La nuera de Arizmendi, Verónica Jaramillo Saldaña, también tuvo participación en los secuestros, mientras que su marido Daniel Arizmendi Arias, ya había formado su propia banda dedicada a la misma actividad. La única que parece haber estado alejada de todo es la hija de Arizmendi López, Sandra Arizmendi.[137]

Protección policíaca

La banda de "El Mochaorejas" no se podría entender sin la protección policíaca que percibió por más de dos años. Algunos diarios conservadores en datos registraron la delegación Iztapalapa, Tláhuac, e Iztacalco en el Distrito Federal; Cuautla, Cuernavaca,

---

[134] MONSIVAIS, Carlos. Un mal día en la vida de Daniel Arizmendi, Revista Proceso, México, 24 de agosto de 1998.
[135] ROMERO, Cesar. "No me arrepiento". Periódico Reforma, México, 19 de agosto de 1998.
[136] Ídem.
[137] CASTILLO, Gustavo. Al descubierto, red de protección judicial de Daniel Arizmendi. Periódico La Jornada, México, 2 de octubre de 1998.

Miacatlán, Morelos, y Ciudad Nezahualcóyotl, estado de México[138] como los lugares donde Daniel Mantenía fuertes influencias en los mandos policíacos.

Entre los investigados y procesados se encuentra el exsubdirector de Procesos de la PGR y Ministerio Público federal, Juan Fonseca, así como cuatro judiciales del estado de México; 15 agentes de la policía judicial y grupo antisecuestros del estado de Morelos, al mando de Armando Martínez Salgado y otros muchos del Distrito Federal.[139]

Según información del diario La Jornada,[140] Daniel Arizmendi fue detenido en posesión de un automóvil robado en Veracruz y minutos más tarde puesto en libertad.

En Oaxaca la policía capturó a Joaquín Parra Zúñiga, lugarteniente de la banda; Raciel Parra Loyo y a un sujeto apodado "El Conde" por los que Daniel ofreció 500 mil pesos por la libertad de éstos a un alto funcionario. El intermediario en dicha negociación fue el excomandante de la Policía Judicial del Estado de México, José Ángel Vivanco. El ofrecimiento fue rechazado, los plagiarios encarcelados y el funcionario amenazado de muerte.

Un último caso registrado fue cuando elementos de la policía mexiquense montaron un operativo para capturar a Daniel quien se encontraba de vacaciones en Ixtapa Zihuatanejo con su familia. Al momento de llegar los agentes al hotel Krystal el plagiario ya se había retirado. Algunos creen que fue un "pitaso" lo que hizo que pudiera evadir a los agentes.

En varios casos se supo que Daniel Arizmendi fue detenido por agentes de la judicial federal quienes al ver que iba en compañía de elementos de la misma corporación lo dejaban retirarse con un "adelante compañeros, que les vaya bien".

Miacatlán, Cuautla, Cuernavaca y zonas aledañas del estado de Morelos fueron su territorio operacional por excelencia. Lugares donde poseía varias "casas de seguridad" y una fuerte influencia entre los agentes policíacos.

La captura

La banda de "El Mochaorejas" tenía la mira por parte de autoridades federales quienes buscaban un pequeño error para lograr su captura. Los policías que le vendían protección a la banda empezaban a temer. Algunos decidieron solicitar protección de la PGR a cambio de testificar en contra de Daniel y su gente.

---

[138] CASTILLO, Gustavo. Al descubierto, red de protección judicial de Daniel Arizmendi. Periódico La Jornada, México, 2 de junio de 1998.
[139] CASTILLO, Gustavo. Al descubierto, red de protección judicial de Daniel Arizmendi. Periódico La Jornada, México, 2 de junio de 1998.
[140] Ídem.

El 5 de junio Aurelio Arizmendi había sido capturado por las autoridades federales. La información proveída de éste ayudó a capturar a los hijos, esposa y nuera de Daniel Arizmendi en Cuernavaca.

Rastreados y presionados, el último plagio registrado y con evidentes errores operacionales por parte de la banda fue el perpetrado contra el empresario Raúl Nieto del Río cuando transitaba por la autopista Querétaro-Celaya el 6 de agosto de 1998.

Durante el "levante" uno de los integrantes del grupo de aprehensión le disparó cuando trataba de huir. Dos minutos después Nieto del Río murió.

Los secuestradores a su huida dejaron un porsche rojo, propiedad del empresario, con manchas de sangre y pintura blanca de un Volkswagen del año que era conducido por Arizmendi. Esto significó una pista de gran importancia para la Policía Judicial Federal.

Con el empresario fenecido, Daniel Arizmendi y su grupo de levante[141] se trasladaron a la "casa de seguridad" ubicada en Santa Bárbara, municipio de Corregidora, en los suburbios de Querétaro.[142]

Antes de que el cuerpo de Raúl Nieto entrara en la fase de descomposición lo maquillaron y le colocaron un catéter con suero para fingir que estaba enfermo. Después de ser fotografiado fue enterrado en la "Casa de seguridad".

Junto a la exigencia de 15 millones de dólares por la liberación de Raúl Nieto iba la foto que momentos antes le habían tomado. Dos días después Daniel Arizmendi envió dos orejas del secuestrado como medio de presión.

Las negociaciones fueron rápidas. De los 15 millones exigidos inicialmente se habían reducido a 10. Los agentes de la UEDO con el permiso de los jueces Décimo y Sexto de Distrito en la Ciudad de México intervenían las líneas para grabar las conversaciones.

Con la información recabada el grupo Yaqui[143] de la PGR logró ubicar en la calle Mar de Lluvia no. 21 del fraccionamiento Las Brisas, en el municipio de Naucalpan una "casa de seguridad". En el lugar se encontraban varios miembros que fueron sorprendidos por el operativo. Tres de ellos aceptaron participar en la emboscada contra Arizmendi. Uno de ellos era Miguel Armando Morgan Hernández.[144]

Horas después de la captura de "El Mochaorejas" el procurador general de Justicia del estado de México, Jorge Reyes detalló en conferencia de prensa la participación de los tres plagiarios.

---

[141] El grupo de levante estaba integrado por exconvictos pertenecientes a la banda de "Los Patanes".
[142] RAMOS, Claudia. Ayuda Procuraduría de Querétaro a localización. Periódico Reforma, México, 19 de agosto de 1998.
[143] Grupo de elite especializado en secuestros y conformado por agentes federales, militares y de inteligencia.
[144] lugarteniente de la banda y pieza clave para la captura de Arizmendi.

Ellos estaban esperando una llamada de Daniel Arizmendi. Se hizo la llamada y ahí convinieron en que se verían en un lugar determinado...

Con la instrucción de los agentes judiciales, el lunes 17 de agosto los tres delincuentes acordaron el lugar del cobro de los 10 millones con Daniel Arizmendi. En ese momento los agentes de la UEDO habían conseguido intervenir el teléfono celular de "El Mochaorejas".

Para ese entonces, los grupos de inteligencia policíaca ya habían contactado con Dulce Paz Vanegas, concubina de Daniel, con la intención de pactar la entrega de Arizmendi, mediante el Programa de Testigos de la PGR.[145] Como lo demuestra una carta fechada el 3 de febrero y firmada por Flor Camelia Vanegas, hermana de Dulce.

Le ha dicho el comandante a mi mamá que te presentes con un licenciado a declarar y que se compre un teléfono para que tú le llames. También dice que cuando te vea, él se ofrece a llevarla en la cajuela (de un automóvil) para que nadie la vea.

Ya le he dicho que no se crea de las palabras de ese viejo, que lo único que necesita es agarrar a otro para mandar a Daniel bien *sinchado,* ya que también está interviniendo el Ejército y Gobernación y dicen que el cabrón del Ejército (que) amenaza al gordo con sus hijas. Pues dice que si no los encuentran ellos, todas las corporaciones andan tras nosotros, pues ahora dicen que yo participé. A de ser por el escrito (que) metí, pero no importa. Sólo le pido a Dios que no nos encuentren a los demás, pues así no lo mandan por asociación delictuosa.[146]

El lugar del cobro de los 10 millones se daría sobre el Periférico, cerca del Toreo de Cuatro Caminos. La cacería de "El Mochaorejas" llegaba a su clímax. Agentes elite cubrieron la zona en espera de Daniel.[147]

A las 20 horas abordo de un Volkswagen llegó Daniel Arizmendi acompañado de una persona. Posiblemente un sicario. La adrenalina subió a su máximo nivel cuando Daniel se dejó ver. Pantalón de mezclilla, tenis, gorra y camisa de franela eran parte de su vestuario. El cabello largo y crespo se unía a su barba. Los policías esperaban la señal. Al momento de bajar de su vehículo e intercambia palabras con Armando Morgan 250 agentes entraron en acción. Esa fue la señal.[148]

Durante su captura se le decomisaron 4.7 millones de dólares, 25 casas, 43 millones de pesos hallados en una caja de su residencia de Cuernavaca, 601 centenarios, y 50 presuntas víctimas que reclaman ante la PGR 33 millones 930,330 pesos.[149]

---

[145] APONTE, David. "Pedir perdón sería hipócrita". Periódico La Jornada, México, 19 de agosto de 1998.
[146] Ídem.
[147] Detienen al peligros secuestrador Daniel Arizmendi. Revista Peninsular, Yucatán, 27 de octubre de 2000.
[148] HERNÁNDEZ, Luis Guillermo. Intervienen 250 judiciales en operativo de captura. Periódico Reforma, México, 19 de agosto de 1998.
[149] MONSIVAIS, Carlos. Un mal día en la vida de Daniel Arizmendi, Revista Proceso, México, 24 de agosto de 1998.

Al respecto el comandante, Alberto Pliego Fuentes narra la atmósfera vivida.

Nada más quiero decirte que fueron cuatro noches que no dormimos, no podemos platicarte exactamente la situación porque fue muy fuerte, mucha tensión, mucha adrenalina, pero todo está en el marco legal.[150]

Ese mismo día, en distintos puntos fueron capturadas 16 personas, cinco de ellas menores de edad. Entre los cómplices capturados figuraba Dulce Paz, amante de Daniel y su hermana Flor Camelia Vanegas Martínez, así como Arturo Dicante Rosales; Juan Ramón Frutos Aguilar; Ernesto Mendoza; Miguel Armando Morgan Hernández, lugarteniente de la banda; Rafael Noguez Yánez y Raymundo Jiménez Hernández. Un bebé de meses de nacido e hijo de Daniel y Dulce Paz Vanegas quedó bajo los cuidados del gobierno al ser encontrado entre los plagiarios.

Bajo un fuerte dispositivo "El Mochaorejas" fue trasladado a Querétaro para rendir su declaración ministerial y señalar el lugar donde fue enterrado Raúl Nieto. Posteriormente fue llevado al aeropuerto Fernando Díaz Ramírez lugar donde abordó una avioneta con rumbo al Distrito Federal.

En las oficinas de la UEDO[151] fue interrogado por sus presuntos vínculos con el exgobernador Jorge Carrillo Olea; el exprocurador del estado de Morelos, Carlos Peredo Merlo y el exjefe de la Unidad Antisecuestros, Armando Martínez Salgado.[152]

Ciertos medios de comunicación tuvieron la oportunidad de entrevistar al oriundo de Miacatlán, Morelos antes de ser llevado al Penal de Máxima Seguridad de Almoloya de Juárez. Algunas anécdotas de los comunicadores fueron simpáticas, como la de Javier Alatorre que al tener frente así a "El Mochaorejas" lo único que se le ocurrió preguntarle fue un "¿Qué tiene que decir?" obteniendo por respuesta un "Nada señor". Sin embargo, algunos reporteros lograron dibujar en pocas líneas el perfil del secuestrador más mitificado de la historia. Uno de ellos fue el reportero de La Jornada, David Aponte quien mantuvo una larga charla con el plagiario.

¿Cuántos policías tenía comprados Daniel Arizmendi?

Ninguno señor, eso lo hacen ustedes público, o no sé qué periódico. No a ustedes directamente, pero lo hacen algunos periódicos. No sé de dónde saquen esa mentira que yo esté protegido por alguien, o quién sea el que empiece a inventar eso. Es mentira que yo esté protegido por alguien.

¿Por qué Daniel Arizmendi se burla fácilmente de los cercos policíacos?

---

[150] VENEGAS, Juan Manuel. Arizmendi me propuso un trato, pero no se hizo: Pliego Fuentes. Periódico La Jornada, México, 19 de agosto de 1998.
[151] Las oficinas de la UEDO se ubican en Reforma no. 23 a un lado de la primer escuela de periodismo Carlos Septién García.
[152] GARDUÑO, Roberto. Arizmendi me propuso un trato, pero no se hizo: Pliego Fuentes. Periódico La Jornada, México, 19 de agosto de 1998.

Únicamente fue suerte cuando yo salí huyendo de Cuernavaca.

Pero fueron muchas coincidencias...

Tal vez hayan sido muchas coincidencias, por eso piensen que alguien me protegía, pero la verdad nunca fue así.

¿Qué relación mantuvo usted con el ex procurador de Morelos, Carlos Peredo Merlo?

Ni siquiera lo conozco.

Pero usted fue policía judicial.

En el tiempo de Lauro Ortega...

La sociedad quiere saber si usted conoció a Jesús Miyazawa.

Tampoco lo conozco.

Y a Armando Martínez Salgado.

Le digo, no conozco yo a policía de ahí, nunca he tenido relación con algún policía.

En qué lugar se ocultó después de salir de Cuernavaca.

Hacia Querétaro.

Pero en qué lugar de Querétaro.

Antes de Querétaro, no recuerdo cómo se llama, en una zona turística. Ahí llegué cinco días, de ahí me fui a Querétaro, donde renté un apartamento amueblado. Ahí dilaté como diez días, luego compré una casa en la cual fue enterrado el difunto que apareció.

¿Y la relación de Daniel Arizmendi con el gobernador Jorge Carrillo Olea?

Tampoco lo conozco.

¿De ninguna manera?

Ni en fotografía.

Pero usted vivió en ese estado mucho tiempo y actuó en el gobierno de Carrillo Olea.

Nunca hice un secuestro allá.

¿Cuántos secuestros realizó en Morelos?

Veintiún secuestros.

¿Pero en Morelos?

Ninguno señor.

¿Entonces dónde realizó usted secuestros?

En el estado de México, en el DF y este último, que falleció la víctima, en Querétaro.

¿A cuántas víctimas mató Daniel Arizmendi, a cuántos secuestrados?

De esos 21 se mataron a dos por no haber dado el dinero, y el último en el intento de secuestro. Tres personas.

¿Por qué actuar así, Daniel?

Pues tenía que ser uno enérgico para poder llegar a obtener algo, si no de lo contrario no darían el dinero.

¿Ser enérgico es sinónimo de cobrarse una vida?

Pues sí.

Pero ser enérgico cuesta una vida, y la vida de muchas familias.

Como se los he dicho a otras personas, porque sale de mi mente hacerlo. Me nace, y es lo que yo pienso que se debe de hacer, se hace.

¿Por qué más y más dinero?

El dinero nunca me emocionó, el ver una cantidad grande que me dieran de una recompensa grande, 10, 20 millones, nunca me emocionó eso. Me emocionaba más el ir a la hora en que se iba a secuestrar a la persona, el ir a la hora en que se iba a cobrar. Era un miedo emocionante, era un miedo ...

¿Le emocionaba cortar orejas?

No, era normal para mí, ni me daba miedo ni me daba temor, como si fuera una cosa normal.

¿Qué más era normal para Daniel Arizmendi?

Pues no entiendo qué es lo que quiere decir.

Aparte de cortar orejas en esta actividad que usted escogió, qué otra cosa era normal. ¿Era normal mortificar a las familias de las víctimas?

Pues sí, si en eso estábamos, era una cosa normal a la que se tenía que llegar, a un terror, a mortificarlos.

¿Eso es normal?

Pues para mí, te digo, no sentía angustia, miedo, ni nada, era lo normal. Te digo.

Afuera, en la calle, la gente dice que estás loco.

No estoy loco, soy una persona cuerda. Como me dicen: o eres valiente o eres cobarde. Ni soy valiente ni soy cobarde, creo ser una persona que está centrada. A veces mis pensamientos se elevan muy alto y a veces se quedan muy cortos. Por eso hay cosas que hago muy locas y hay cosas que hago muy tontas. Entonces no se sabe conmigo qué es lo que va a suceder, puedo cambiar de un momento para otro.

¿Qué es la locura para Daniel Arizmendi?

Pues la locura, pues es eso, que yo cambio de ideas muy rápido, que me gusta hacer cosas improvisadas. Me gustaba hacer los secuestros, no por el placer del dinero, sino por el placer de saber si podía hacerlo. Mi familia significaba mucho, ¿no?, mi familia es todo lo que hay, todo lo que tengo en la vida.

¿Por qué hacerle esto a su familia?

Pues cometí un error al no haberme entregado y ya cuando me di cuenta ya estaba en este camino y no podía echarme para atrás. Y mi familia, al quererme, seguía a mi lado, a pesar de tener temor.

Daniel, usted arrastró junto a usted a decenas de personas, de delincuentes que son sus cómplices. ¿Qué opinión le merece esto?

Pues ahí también hice un mal no solamente a los que secuestré, sino a los que invité a secuestrar, porque ahora estamos todos perdidos. Les hice daño a los que secuestré y a los que invité a secuestrar.

¿Qué es estar perdido para Daniel Arizmendi?

¿Perdido?, pues un camino en el que voy a estar en la cárcel por muchos años. Y la familia de esa persona va a sufrir porque no tiene al papá, que es el de la casa, y se desintegra la familia. Entonces yo he desintegrado muchas por invitarlas a trabajar y porque han creído que se puede hacer algo o que se puede hacer dinero fácil. Y es que han creído en mí y los he arrastrado a que estén en la cárcel y hasta que pierden a sus familias y se desintegren muchas familias.

¿Daniel Arizmendi es un buen papá?

Creo no ser un buen papá, porque por lo regular lo único que yo sabía hacer hacia mis hijos era hacerles llegar el dinero, porque me gustaba tener dinero y hacerles llegar dinero, que siempre tuvieran dinero, porque era mi idea que tuvieran dinero mis hijos.

Para preparar un secuestro, ¿usted qué necesitaba?

Necesitaba la capacidad de dinero que tuviera esa persona, para saber qué es lo que le iba a pedir, para que fuera una negociación rápida, porque alguien que tiene 10 millones no te va a dar 10 millones, porque alguien que te va a dar 10 millones necesita tener 100 millones y que sea una negociación rápida. Para que alguien te dé 20, necesita ser alguien que mueva 200 millones, para que te los pueda mover fácilmente y así sucesivamente.

Usted tenía relación con investigadores y con policías que le informaban de todo esto.

Eso lo dice la prensa, los periódicos, no sé a qué se deba.

¿Entonces usted cómo se enteraba que tenían 200 millones para pedirles 20?

Porque había gente, se dice aquí, el que pone el tiro. Hay uno que te dice, por ejemplo, yo conozco a Alejandra, la de los camiones, a la que le corté dos orejas. Agarran y me dicen: ``Tiene como 80 camiones, acaba de comprar 15 de la empresa El Águila, que en ese tiempo valían como un millón de pesos y los pagó de contado, tenía motos Harley, bodegas muy gigantes. Entonces cuatro millones, imagínate, para alguien que compró 15 camiones de un millón cada uno, le pides cuatro millones y prácticamente no lo afectas. Creo que no tenía por qué haber hecho que interviniera la policía.

Entonces sí tienes informantes.

Te digo, el que pone el tiro, es un informante.

¿El que pone el tiro es un informante?

Alguien que conoce a esas personas es un informante.

¿Eran policías o quiénes eran?

No son civiles. Por ejemplo mi compadre José Juan conoce a uno que le dicen El Barbas, ése fue a pedir, a un amigo de él que era chofer de unos tráilers que transportaban petroquímica, entonces él le comenta a mi compadre José Juan que fue a pedir trabajo ahí, que el señor anda en carro Máxima, que el hijo también con cierta cantidad de tráilers que mueven mercancía con valor de 20, 30 mil pesos y que diariamente hacen esos viajes, entonces él me dio dos millones y medio y no lo tuve que lastimar.

¿Sabes que en la calle están pidiendo la pena de muerte para ti?

Ojalá y se les concediera señor.

¿Por qué?

Pues para que me mataran, porque si no tengo el valor de matarme yo, si existiera la pena de muerte por lo menos me matarían ellos.

Por qué tiene el valor de matar a otras personas y no matarse a sí mismo.

Porque te digo que no soy ni muy valiente ni muy cobarde, soy una persona centrada, entonces sí te da temor la muerte, ¿no?

Pero eres siniestro Daniel.

Eso sí, te digo y no me da miedo. Para mí era normal, nunca sentí ser siniestro, simplemente lo hacía.

¿Era normal matar, secuestrar?

Mmm, sí.

¿Qué opinión tienes de ti mismo?

Como les he dicho, soy centrado, pero rebaso eso, me llegan chispazos de que hay que hacer cosas malas.

¿Daniel Arizmendi es un líder?

He tenido la suerte de que la gente crea en mí. Y cuando yo invito a trabajar gente cree en mí, de lo que yo les digo que se va a hacer, creen que se puede lograr lo que se planea, si eso es ser líder, creo que sí.

¿Líder o genio?

Pues será nada más líder, imagínate un genio, fuera algo buenísimo. ¿No?

¿Qué te depara el destino?

La cárcel casi de por vida, ahorita en el momento en que estoy, voy para un penal con varias sentencias de secuestro, de asesinato, muchísimas más, no sé cuántas sean.

¿Piensas salir?

La verdad, no creo que salga algún día. Muerto sí, desde luego, pero que salga vivo, no creo salir vivo.

Por último, te voy a insistir, es muy comentado, se han presentado pruebas de tu vinculación con el estado de Morelos.

No sé qué pruebas se han presentado, pero que yo sepa no pueden presentarlas.

¿Ni de aquella huida de Cuernavaca?

No hay forma, ni de aquella huida de Cuernavaca. De que tenga suerte sí, te digo. No hay gente que me proteja, nunca la hubo. En Morelos no conozco a policías. Si conociera policías, ¿crees que yo me iba a vivir allá, para que me viera un policía y me dijera ``ahí va Daniel"?

¿Por qué vivir en Morelos entonces?

Nunca secuestré en Morelos, con mi presencia sí hubo terror, pero yo soy originario de Morelos y a mi familia también le gusta Cuernavaca por ser bonita y nunca se querían ir de ahí.

Pero tu familia tenía dinero suficiente para irse a otro país.

Sí, yo algún día se los comenté, les dije que si nos íbamos para los países de acá abajo.

¿Qué es aquí abajo?

Para el Caribe, ¿no?, pero nunca quisieron.

¿Te gustaba algún país del Caribe?

Pues se ven reportajes que en cualquier lugar en el que llegue uno y ponga un hotel pequeño o unas cabañas que se renten, que pueda manejar cierta cantidad en el banco, con eso tiene uno para vivir, pero mi familia nunca quiso irse porque añora a su familia, a sus primos, a sus primas, ese fue el motivo de que nunca haiga ido a otro país. Eso te lo puede decir mi familia.

Has dicho que los medios creamos vinculaciones tuyas con la policía.

Son mentiras ¿no?, la forma de decir mía se hace chisme, de que me protegen en Morelos, que me protege Miyazawa, que me protege no sé cuánta gente, siendo que nunca me ha protegido nadie, porque no confío en ningún policía. Ahora que me pidieron que me entregara no me quise entregar porque no confío en policías. Pensé que qué tal si me entrego, llevo una sentencia y a mi familia también la sentencian junto conmigo, creo que lo más correcto era estar afuera y si algún día lograba un secuestro grande, meter a un licenciado, de los mejores penalistas que haya sacado al Negro o a un narco fuerte, pero para eso, esos señores cobran por millones.

Pero a ti te sobraban los millones.

No señor, todo se lo llevaron de Cuernavaca. Era todo lo que tenía, me recogieron todo lo que tenía.

Pero en Querétaro te encontraron 6 millones de pesos.

Mi hermano Aurelio me prestó 10 millones al salir de Cuernavaca. Y con esos 6 millones si meto a un licenciado que sea bueno, a la mejor se queda a la mitad de caso y qué sentido tenía invertir en algo que no íbamos a terminar, ¿no?, mas si me salía un secuestro, pensaba yo en buscar al mejor licenciado que hubiera en México, que hubiera sacado a gente mucho muy importante y ya le iba a llegar al precio yo, no iba a quedar por dinero. En un proceso debe salir mi familia, mas sin embargo, si me entregaba yo, ni siquiera la dejaban ir, y ahora que estoy aquí no voy a salir nunca.

¿Con el dinero del secuestro ibas a pagar el abogado?

Sí, esa era mi idea, con el dinero de un secuestro comprar un abogado para sacar a mi familia.

¿No confiabas en policías porque tú fuiste policía?

Por lo regular todos los policías que trabajan andan poniendo tiros, pues porque es su trabajo, ¿no? Es como a mí me ponían tiros de secuestro, porque es gente a la que le gusta el robo, el hampa y te ponen tiros, un policía si sabe que andas haciendo cosas malas, también lo va a poner, porque es su trabajo, no es que sea chiva, no es que sea delincuente. Su trabajo es agarrar delincuentes.

¿Pero tú conociste a muchos policías chivas?

Que me hayan puesto, no, nunca.

¿Qué piensas de la cárcel?

Me espera una condena muy larga y grande, ¿te imaginas, por secuestro?, entre sentencia y sentencia puede llegar hasta una de 100 años. Claro que creo que normalmente te pueden dar 50 años en una cárcel, pero ¿te imaginas?, tengo 40 y 50, 90. ¿Te imaginas si voy a salir de la cárcel algún día?

¿Que le puedes decir a la gente que agrediste?

No me nace decirles algo, porque sería pura hipocresía.[153]

Durante los primeros días del cautiverio de Daniel Arizmendi los medios masivos de comunicación pidieron su muerte. La sociedad civil presionó por una condena "dura". Los políticos hablaron. Algunos de peso, como el diputado priísta en la Asamblea Legislativa del DF, Luis Miguel Haro.

No hay nadie en la sociedad que esté de acuerdo en la manutención de este señor mientras esté en la cárcel. A mí me parece que no sólo pensamos en la muerte, sino en una muerte muy dolorosa. Había que generarle un gran sufrimiento, pues es lo que merece, por lo que mi propuesta es que lo colguemos en una plaza pública vivo, y repartamos alfileres para que la gente toda, los ciudadanos, piquen sus partes nobles hasta que muera.[154]

Sentencias

Los plagiarios vieron mermadas sus ilusiones de salir libres cuando el Juez Primero de Distrito en Materia de Procesos Penales Federales en el estado de México sentenció a 54 años de prisión y multa de 533 mil 232 pesos en contra de Daniel y Aurelio Arizmendi López por los delitos de asociación delictuosa y privación ilegal de la libertad en su modalidad de secuestro.[155]

Por otra parte fueron sentenciados Guillermo Antonio Muñoz Guadalupe a 49 años 6 meses de prisión y multa de 78 mil 426 pesos; Juan Ramón Frutos Aguilar, José Orihuela Encarnación, Francisco Javier Molina Becerril y Crecencio Espinoza Espinoza a 48 años y 308 mil 671 pesos de multa; Daniel Venagas Martínez,[156] Miguel Armando Morgan Hernández,[157] Ernesto Mendoza Carvajal[158] y Erick Juárez Martínez a 47 años y una multa de 185 mil 361 pesos; Dulce Paz Vanegas Martínez[159] a 47 años y una multa de 75 mil 514 pesos; Francisco Javier Pérez Aguilar a seis años y 48 mil 932 pesos.[160] José Juan Vanegas Martínez y Rafael Noguez Yánez a 33 años y seis meses; Adriana Suárez Arista[161], a 23 años y tres meses y una multa de 147 mil 600 pesos, además de incautársele todos los

[153] APONTE, David. "Pedir perdón sería hipocresía", Periódico La Jornada, México, 19 de agosto de 1998.
[154] MONSIVÁIS, Carlos. Un mal día en la vida de Daniel Arizmendi. Revista Proceso, México, 24 de agosto de 1998.
[155] Boletín de la Procuraduría General de la República No. 350/00.
[156] Hermano de la concubina de Daniel Arizmendi.
[157] Lugarteniente de "El Mochaorejas".
[158] Sicario que acompañaba a Arizmendi el día de su captura.
[159] Concubina de Daniel Arizmendi López.
[160] Boletín de la Procuraduría General de la República No. 350/00.
[161] Cuñada de Daniel y esposa de Aurelio Arizmendi López fue la encargada de administrar y comprar diversos inmuebles en el Distrito Federal y Estado de México, con el dinero proveniente de los plagios.

bienes muebles e inmuebles, menaje, numerario y centenarios que se encuentres a su nombre.[162]

Secuestro contra secuestradores

Las cantidades recaudadas por la banda de "El Mochaorejas" y exhibidas en los medios de comunicación provocaron que el sobrino de Daniel fuera secuestrado por la competencia. Era el colmo de los plagiarios, "el secuestro de un familiar sin que la banda esté involucrada".[163]

En el Centro Federal de Readaptación Social número 1, Aurelio y Daniel se mostraban desesperado al no poder actuar. Aurelio temía por lo vida de su hijo Carlos Arizmendi Suárez. Daniel, lanzaba amenazas. Ordenaba a su gente. Estaban al tanto.

La esposa de Aurelio Arizmendi, Adriana Suárez Arista al entregar el rescate a la banda de "El Mocho" fue detenida por elementos de la Unidad Especializada en Delincuencia Organizada quienes días antes la habían citado a declarar ante el Ministerio Público Federal.[164]

Entre los objetos de valor que poseía en ese momento y que según ella era parte del rescate, se encontraban tres teléfonos celulares, un vehículo, 58 mil pesos y mil 237 centenarios que de inmediato fueron incautados por los agentes federales.[165]

La Procuraduría General de la República a través de su Unidad Especializada en Delincuencia Organizada inició investigaciones. Las primeras pistas apuntaban a la banda de "El Mocho" como los responsables del plagio.

El 21 de julio de 2000, Alberto Alejandro Mejía Quiñónez, apodado "El Mocho" y líder de la banda del mismo nombre fue capturado por la Policía Judicial Federal adscrita a la Unidad Especializada en Delincuencia Organizada.[166] Durante el operativo se logró decomisar una pistola 9 mm, dos credenciales de identificación falsas y 163 gramos de marihuana.[167]

Por el delito de secuestro, asociación delictuosa, portación de armas de uso exclusivo militar y posesión de estupefacientes al Reclusorio Preventivo Varonil Norte.

Con la aprehensión de "El Mocho" se logró la captura de Orlando Javier Rojas Mondragón, "El Tamal"; José Manuel Mercado Centeno, apodado "El Cata"; Felipe Rivera Rivera; Alfonso Fonseca García, alias "El Pelón"; Alfredo Valero García, "El Pollo"; los hermanos

---

[162] VICENTEÑO, David. Dan 23 años a cuñada de Arizmendi. Periódico Reforma, México, 2 de marzo de 2003
[163] OZAETA, Ulysses. Secuestros SA, industria morelense. Fanzine La Cloaca, Puente de Ixtla, 10 de Octubre de 2001.
[164] Averiguación Previa PGR/UEDO/149/98
[165] Boletín No. 225/00 de la Procuraduría General de la República.
[166] Boletín No. 388/00 de la Procuraduría General de la República.
[167] Ídem.

Jorge e Iván Espinoza Soto, "El Güero" y "El Gordo"; Efrén Emilio Estudillo Rendón; José Apolinar Arreola Arias; Alejandro García Cedeño y José de Jesús Villalpando Guerrero.[168]

Nuevo Mochaorejas

Los medios de comunicación ensalzaron la figura delictiva de "El Mochaorejas" de tal manera, que muchos candidatos a plagiarios se convirtieron en verdaderos maestros al seguir sus métodos operacionales. Algunos otros se dijeron orgullosos de tener amistad con él.

"Es compadre de mi papá, yo lo conocí en una fiesta, desde entonces mantuvimos cierta relación", comenta el secuestrador Alberto Araiza Molina al ser interrogado por agentes antisecuestros.

Autonombrado "El Arizmendi", Araiza Molina amenazaba a los familiares con cortarle oreja y dedos a sus víctimas.

Tengo secuestrada a tu hija, quiero tres millones, no avises a la policía o te la voy a mandar sin dedos y sin orejas.[169]

Su ultimo plagio fue en la Delegación Gustavo A. Madero, Distrito Federal, al secuestrar a una joven que transitaba acompañada de su tía en dicha delegación.

Al tenerla en su poder, el grupo de levante interrogó a su víctima de 21 años sobre las posesiones de su familia, así como sus datos personales. Posteriormente fue trasladada a la "casa de seguridad" ubicada en la calle Centauro del Norte, Colonia México Revolucionario, en Ecatepec, Estado de México[170] para iniciar negociaciones.

No pasó mucho tiempo en que se comunicaran los secuestradores, comenta la hermana de la víctima.

Habló un sujeto que dijo llamarse José Luis, me dijo que estaba en Coacalco junto con Janette, que no avisáramos a la Policía y que quería tres millones de pesos para liberarla o de lo contrario la iba a matar.[171]

Temiendo por la vida de Janette, la familia se dirigió ante el Ministerio Público a levantar una denuncia.

---

[168] Boletín No. 021/01 de la Procuraduría General de la República.
[169] FERNÁNDEZ, Leticia. "Tengo secuestrada a tu hija". Periódico Reforma, México, 27 de enero de 2003.
[170] HERRERA, Rolando. Cae "heredero" de "El Mochaorejas". Periódico Reforma, México, 20 de enero de 2003.
[171] FERNÁNDEZ, Leticia. "Tengo secuestrada a tu hija". Periódico Reforma, México, 27 de enero de 2003.

Durante las negociaciones, la cantidad inicial exigida se fue reduciendo. De tres millones pasó a 50 mil pesos. La familia consternada por tener en su poder tan solo 30 mil intentaba recibir clemencia de los plagiarios, los cuales, sabedores de las investigaciones de la policía grabaron a Janette para presionar a la familia.

Te dije que no le hablaras a la Policía y te hiciste, tú crees que mi vida vale 50 mil pesos.[172]

En el operativo implementado para liberar a la plagiada se logró la captura de Alberto Araiza Molina, jefe de la banda; Jesús Hernández Serrano, negociador y estratega del grupo de levante y "los desechables" o custodios Héctor Manuel García Guzmán y José Juan Rodríguez Vivanco a los que se les aseguró una pistola 9 mm, tres vehículos: un Nissan Tsuru negro con placas 662-GFX, un taxi ecológico Volkswagen Pointer con matrícula LO 2344 y un Volkswagen Sedán semidesmantelado.

Antes de que fueran trasladados los secuestradores al Reclusorio Sur, Juan José Castillo Mota, presidente de la Comisión de Administración y Procuración de Justicia de la Asamblea Legislativa comentó que Arizmendi sigue comandando su banda desde la cárcel.[173]

Lucha de poder en el Cefereso

Dos años de secuestros y doce de "libertad delictiva". Ahora está preso. Los reclusos se quejan. "Los amenaza con hacerles daño a ellos o a sus familiares en el exterior y a cambio recibe pequeños objetos de uso personal para él o para su hermano Aurelio, quien purga su condena en una celda del mismo pasillo, relatan quienes lo padecen.[174]

Durante su estancia en el Centro Federal de Readaptación Social de Almoloya de Juárez, ahora La Palma Daniel estudia solfeo, pintura y realiza actividades manuales. En sus ratos de nostalgia suele escribir cartas a sus seres queridos. Algunas de sus epístolas hablan de su muerte, otras, a manera de diario cuentan sus vivencias.

13 de diciembre de 1998, carta a María de Lourdes "la flaca

Este 13 de diciembre no va a haber barbacoa, ni mariachis, ni norteños, lo único que te regalo son unos recuerdos nuestros cuando vivíamos con mi mamá y estabas embarazada, de nuestro hijo Danielito y yo trabajaba en la fábrica de ligas "El León" y salía a las cinco de la mañana. A esa hora te levantabas, gordita, a prepararme tortas o comida para que me la llevara para comer en la fábrica y escuchábamos en la radio las canciones "El Pasadiscos" y "Un gato en la obscuridad"...

---

[172] Ídem.
[173] RODRÍGUEZ, Francisco. Presume amistad con "Mochaorejas". Periódico Reforma, México, 21 de enero de 2003.
[174] GÓMORA, Doris. Las cartas de la cárcel. Periódico Reforma, México, 16 de agosto de 1999.

...Nunca te voy a olvidar, espero que tú también me recuerdes toda la vida. No me guardes rencor y échame tu bendición porque la necesito mucho...

(Margen izquierdo)   ...No pude resistir y me puse a llorar al escribir estas líneas para ti que eres toda mi vida y junto con mis hijos, Danielito, Sandy Vero y mi nieto.

Una de las cartas enviadas a Dulce Paz Vanegas, amante y madre de uno de los hijos de Daniel es más pasional.

Dulce te extraño más que a mi libertad, te llevo en mi mente día y noche, cada minuto y cada segundo de mi vida, no olvido todos los momentos que vivimos juntos como el 15 de septiembre y el día que te llevé en moto a Texcoco.

Eres lo que más quiero en mi vida. Tengo muchos celos y temor de que hayas dejado de quererme. Tú estás en mis planes futuros ojalá y yo esté en los tuyos, te amo, te amo, te amo princesa hermosa, me olvido que tienes cinco estrellas y todo lo que quieras lo puedes conseguir con mucha inteligencia y valor y sobretodo sin envidia y sin desearle ningún mal a nadie para que no te pase a ti misma.

Eso no te lo dije, se me olvidó, Hugo se parece a ti en la boca y en los ojos, y a mi en lo orejón y cabezón y en lo inquieto. Los amo a los dos, ojalá y pronto estemos juntos princesa. Hasta pronto.

Preocupado por un futuro, Daniel envía cartas a su familia en general

En caso de mi muerte o fallecimiento, mi última voluntad o deseo es que me incineren saliendo de la autopsia. No quiero que me velen de cuerpo presente, es un tormento, es horrible para la familia.

Ni misa de cuerpo presente.

Que hagan todas esas cosas con las cenizas o restos de la incineración y las cenizas que las esparzan o despolvorien por toda la finca, o casa de El Rodeo, Miacatlán, Morelos. No las vayan a enterrar por lo que más quieran por favor.

No quiero que me vean muerto mis hijos, para que viva en sus memorias o recuerdos como cuando pasamos nuestros mejores ratos de felicidad

Solo que ellos decidan verme muerto

Lourdes, Danielito, Sandra	A.A
Verónica y mi nieto	A.S
Dulce, Hugo	A.V

La que me quiere más es la pelusa

Entregar una copia a cada persona que se nombre en esta carta o mensaje.

Lo de la pelusa es una broma.

Su inadaptación era evidente y lo manifestaba en varias de sus cartas

10 de agosto de 1999,

No puedo convivir con ningún interno y mis alimentos los como solo en mi estancia, y de patio me toca sólo una hora al día, sin ninguna compañía y las actividades de tejer bolsas las hago en un cuarto de la misma área de Máxima seguridad también solo.

Plagios de principiantes

Las notas informativas relacionadas con los plagios que de forma consecutiva aparecían en los medios de comunicación estatal inspiraron a varios jóvenes inexpertos a planear sus propios secuestros. Muchos de estos casos resultaron risibles para los consumidores de medios, pero reflejaba en la sociedad, una creciente cultura del secuestro fomentada por los medios informativos.

El secuestro de un perro

"Tenemos a su perro, si lo quiere ver tendrá que darnos 300 pesos" fue el mensaje que una voz juvenil le indicó a la dueña de un Salchicha Chaparro.

De acuerdo a información proporcionada por la afectada de nombre Antonia Cervantes Hernández, los hechos ocurrieron cuando ésta dejó a su perro en el estacionamiento del mercado municipal de Jojutla de Juárez y al regresar se percató que su perro ya no estaba. Tres sujetos, todos menores de edad, se habían llevado al perro para después canjearlo por la cantidad exigida en la comunidad de Tetlama, municipio de Temixco.

Jóvenes enamorados

Con la finalidad de conseguir dinero rápido para casarse y construir una casa, una joven de 18 años planeó su secuestro para exigir 200 mil pesos a su padre.

Fastidiada por ver a su novio de forma esporádica, Aideé Ávila Juárez le propuso a Jonatan Munive Martínez que fingieran un secuestro, pues no había peligro ya que todo era "como un juego"

La estudiante de psicología en la Universidad Autónoma del Estado de Morelos e hija de un funcionario de la Universidad de Guerrero inició con la redacción de varios recados que serían entregados a su familia, su inspiración: películas y noticias de secuestros en medios impresos.

Tenemos secuestrada a su nieta. No haga nada, no avisen a la Policía porque de lo contrario se la entregaremos en pedazos, queremos 500 mil pesos de rescate.[175]

De acuerdo a la pareja de novios para poder efectuar el plan con éxito se necesitaban mas colaboradores, mismos que fueron reclutados entre sus conocidos.

El primero en ser contactado fue Toribio Carvajal Castro, compañero de Jonatan durante sus estudios en el Cebetis de Iguala.

¿Qué honda Toribio? ¿Todavía necesitas el dinero que me dijiste?.

Sí mano, los problemas en mi casa siguen igual.

Pues por ahí hay un negocito que puede interesarte, tú dices.[176]

Con la promesa de recibir mil pesos por recoger el dinero exigido, Noé Landa, segundo invitado, aceptó.

Para que no te equivoques, el martes te llevo a Cuernavaca para que veas el lugar donde vas a recoger el dinero.[177]

La fecha acordada para iniciar las negociaciones por la "liberación" de Aideé fue el miércoles 18 de junio de 1997. La primer persona en recibir la llamada fue la abuela misma que levantó una denuncia por el plagio de su nieta.

Después de la primer llamada siguieron varias más que exigían el dinero a cambio de entregar íntegra a Aideé.

Los familiares, asesorados por el grupo antisecuestros de la Policía Judicial exigieron una prueba de que Aideé se encontraba viva.

¿Qué pasó?, ¿Cuándo van a pagar?, preguntó la estratega al ver que sus compañeros entraban a su habitación del hotel "El Taxqueñito" de Taxo, Guerrero.

Quieren una prueba de que estás viva ¿Qué hacemos?

Espérame tantito, ahorita resolvemos eso.[178]

Momento después los cuatro jóvenes se comunicaron con los familiares y exigieron hablar con la abuela, a la que le pusieron la grabación con los gritos de su nieta.

---

[175] Esta nota fue redactada para su abuela, la cual, según la estratega poseía "mucho dinero".
[176] CASTILLO, Jesús. Enredo jurídico en un secuestro "por amor". Periódico La Unión de Morelos, Cuernavaca, 25 de julio de 1997.
[177] Ídem.
[178] Ídem.

¡Sáquenme de aquí, ya no aguanto, hagan lo que los secuestradores piden por favor!

Ya escuchó señora, su nieta está con vida y está bien, ¿cuándo va a tener el dinero?, preguntó el supuesto secuestrador.[179]

200 mil pesos y un lote de joyas que serían entregadas por Francisco Bahena Torres, tío de Aideé, sería el pago por la liberación.

Al día siguiente Aideé tomó un autobús a Cuernavaca y tras haber calculado que Toribio y Noé habían recogido el dinero entró a casa de su abuela. En el lugar se encontraban agentes judiciales que escucharon la versión de la "plagiada".

... su secuestro ocurrió el martes 17 a las 18:30 horas, cuando se dirigía a la Universidad después de pasar a la Clínica 2000 donde recibía tratamiento para bajar de pesos. Caminaba por la calle Heroico Colegio Militar cuando fue interceptada por dos sujetos a bordo de un vehículo, le taparon la boca y los ojos y la obligaron a subirse. Estuvo secuestrada en una casa de tabique donde sólo había una colchoneta, "me pasaban la comida por un agujero que tenía la puerta, me daban de comer torta, frijoles y agua.

Días después, la volvieron a subir al vehículo con los ojos vendados y la dejaron libre en una avenida con muchos árboles. Ahí pidió un aventón para llegar al centro, donde tomó el taxi.[180]

Mientras tanto, Toribio y Noé eran detenidos durante un operativo implementado en su contra. Jonatan fue aprehendido minutos después.

Al hacer caso omiso de los citatorios del Juzgado Primero de los Penal de Cuernavaca, Ávila Juárez fue presentada por la Policía Judicial de Guerrero al Juzgado de Chilpancingo donde confesó no haber sido secuestrada y no haber medido la magnitud del problema del plagio apócrifo. Por otra parte, con un auto de formal prisión los tres jóvenes de 18 y 20 años se encontraban en el Centro de Readaptación Social de Cuernavaca.

Caso similar fue el plagio de Oscar Cadena Silva cuando a bordo de su bicicleta fue interceptado por tres sujetos que se hicieron pasar por agentes judiciales.

Los hechos se registraron la noche del martes 27 de mayo de 1997, cuando Oscar Cadena se dirigía a su casa ubicada en la colonia Otilio Montaño de Cuernavaca

Durante el operativo de liberación fueron aprehendidos la hermana de la víctima Yuridia Cadena Silva de 15 años y su novio Israel Omar Moreno Castro de 16, así como los tres sujetos que hicieron "el levante".

---

[179] Ídem.
[180] Ídem.

Secuestro a un reportero

A uno lo pueden secuestrar en cualquier lugar, pero hay situaciones más apropiadas que otras. Hay veces que uno es el frijolito en el arroz.

Yo vivía en un pueblo de la delegación Tlalpan ubicado en la carretera federal México-Cuernavaca, y todas las mañanas me iba correr al bosque que se encuentra apenas a unos pasos. Otras personas del lugar iban también, pero a recoger leña, a cazar, a pastar a sus animales o a recoger piedras volcánicas; a mí me acompañaba un perro de raza, un labrador cachorro que no logró estorbar a los secuestradores ni siquiera lo suficiente como para que le dieran una patada.

Salieron de atrás de unos arbustos que rodeaban un camino por el que ocasionalmente circulan camiones. Eran dos, se adivinaban jóvenes detrás de sus pasamontañas, unos 18 años o poco más. Uno traía un rifle y el otro una pistola, pero no me apuntaban, sólo mostraban sus armas.

Ante los sucesos avasalladores una de las reacciones naturales es la incredulidad ("esto no me puede estar pasando"), que no dura mucho en el tiempo real pero, quizá por la adrenalina, se hace eterna en la mente. Con la misma velocidad se procede a tratar de comprender la situación y a hacer planes.

Así que, mientras veía a los enmascarados avanzar hacia mí, traté de averiguar si aquello era un asalto. Lo más lógico era preguntar, pero en ese momento recordé una historia sobre un amigo que en Nueva York fue atacado por una pandilla, se defendió con algunos golpes y muchos insultos, y fueron estos los que funcionaron, ya que uno de los pandilleros le preguntó ¿eres mexicano? "A huevo", fue la respuesta. "Hermano, perdónanos, yo vengo de Guanajuato..." dijo el pandillero y terminó escoltándolo hasta una estación de metro entre risas y cervezas.

Recuerdo que comencé con un "¿qué quieren, cabrones?" y debo haber subido, sin darme cuenta, el tono y la calidad de los insultos porque, después de que me tumbaron boca abajo y me amarraron las manos, llegó un tercer maleante que regañó a sus secuaces, "primero hay que vendarle los ojos, pendejos", y después me pidió en tono amenazante: "No nos insultes".

No me importó, ya no era necesario, no tenía nada que preguntar porque ya me había dado cuenta de que se trataba de un secuestro, y era evidente que ya no podía esperar que alguien me dijera: "Hermano, yo también soy mexicano y, nada más por eso, no te haré daño".

Me subieron a un auto que debía estar escondido tras alguna vuelta del camino, me taparon con un cobija, un tipo se echó encima de mí y nos fuimos. Mi perro se quedó por ahí.

Traté de contar el tiempo, las vueltas del auto, los topes, traté de escuchar ruidos externos para saber a dónde me llevaban. Y lo sé, pero no importa. Llegamos a una casa que, después me enteré, no estaba mal y tenía muebles coloniales y bonitos pero, cuando llegamos, me arrojaron en una habitación con piso de tierra y paredes como de lámina de asbesto (es sorprendente la cantidad de cosas que se pueden percibir con los ojos vendados).

Un tipo, al que más tarde identificaría como "el malo", me pidió un teléfono. Lo di sin oponer resistencia. Cuando me dijo "Voy a pedir un millón de pesos por ti, cabrón, y los tienen que juntar hoy" cometí mi único de valor del día y dije "Entonces mátame de una vez porque no tenemos tanto dinero". Lo sentí, a pesar de no poder verlo, desconcertado. "Entonces ¿cuánto pido?" Sugerí una cifra y se fue.

A partir de ahí, mi día consistió en esperar. Recuerdo muchas cosas, algunas triviales, como que los tapones de algodón en los oídos no sirven (escuchaba la radio aun cuando le bajaban para que no me diera cuenta de que estábamos en el estado de Morelos), y otras que me parecieron importantes o sorprendentes en ese momento.

Una de estas últimas es que los muchachos que me cuidaban, creo que eran los mismos que me agarraron, consideraban que estaban haciendo "un trabajo". Me ofendí y recordé cuando alguien me dijo que "el trabajo, el que sea, dignifica". Aquello no era un trabajo.

No me hicieron daño, más allá de no ponerle sal a los tacos de huevo que me dieron como desayuno y única comida del día; de hecho, al anochecer me llevaron al interior de la casa y me pusieron en una cama para que estuviera más cómodo. Hacía frío y uno de ellos, "El Malo" (había un "bueno" que trató de ser mi amigo para sacarme información) me echó una cobija encima diciendo: "Nosotros somos unos culeros pero todos somos hijos de Dios". No me esperaba unos secuestradores católicos. Me ofendí una vez más y eso que soy ateo.

Mi familia pagó lo acordado y a mí me dijeron los secuestradores que si sólo juntaban poco más de la mitad igual me soltarían. Me dejaron a pocos kilómetros de mi casa cerca de la carretera.

Cuando me dijeron "al levantarte camina hacia tu izquierda, no hay pierde, ahí se ven las luces de tu pueblo", yo estaba en posición supina con la cara pegada a la tierra, había un tipo atrás apuntándome con un rifle, y a pesar de que llegué a pensar que quizá todo era mentira, que no se había juntado el dinero, que me iban a matar en descampado y que me habían prometido liberarme para ahorrarse una escena de ruegos y llantos, a pesar de eso, dije la palabra que más había dicho en todo el día, la que usé para recibir mis tacos de huevo sin sal y el cigarro con el que volví a fumar después de haber dejado el vicio por dos años, la dije cuando me dieron mi cobija y cuando me ofrecieron tequila y coca: "Gracias".[181]

[181] TORRES, Rubén. Somos hijos de Dios...Periódico El Economista, México, 5 de noviembre de 2002

Capítulo IV

El secuestro como medio de financiamiento de la guerrilla

Contexto y datos duros

La guerrilla contemporánea ha utilizado como medio de financiamiento el robo y el secuestro principalmente, siendo esta última la que les deja enormes cantidades de dinero debido a los pagos millonarios que logran recibir de los familiares de las víctimas.

En nuestro país, de acuerdo a un documento elaborado por los grupos de inteligencia de la Policía Federal Preventiva (PFP) y publicado en el periódico El Universal[182], se logró identificar la existencia real de un centenar de grupos armados en 21 estados de la República. Según dicho informe, en el estado de Guerrero se localizaron 22 agrupaciones insurrectas. Dichas guerrillas ven a otros estados de la república como los medios ideales para realizar sus acciones de financiamiento.

Morelos no es ajeno a esta problemática, y se ha visto afectado por los plagios que elementos de la guerrilla de Guerrero y de Morelos principalmente han realizado en distintos puntos del estado con fines económicos, políticos y sociales.

Dicha problemática fue reconocida por el actual gobernador del estado, Sergio Estada Cajigal, quien admitió ante los medios de comunicación sobre la existencia de organizaciones guerrilleras en el estado[183] a pesar de la negación de los distintos cuerpos de seguridad que operan en Morelos.

Al respecto, Julio Espín Navarrete, durante su alcaldía en Puente de Ixtla –municipio ubicado a 40 kilómetros al sur de la capital morelense- solicitó la presencia de elementos de la Secretaría de la Defensa Nacional (SEDENA) y de la Procuraduría General de Justicia del Estado para resguardar algunas zonas del municipio, debido a la denuncia de pobladores de Rancho Nuevo, la Tigra y Xoxocotla sobre la presencia de grupos compuestos entre 20 y 30 personas que portaban uniformes tipo militar, pasamontañas y armas de alto calibre y los casos de secuestros a ganaderos registrados en esas localidades[184]. Según testimonios de algunos pobladores, dichos encapuchados son pertenecientes al Ejército Revolucionario del Pueblo Insurgente (ERPI)[185]

[182] RAMÍREZ, Ignacio."Viven en constante mutación". Periódico El Universal. México, 25 de febrero de 2001

183 Ídem

0184 VEGA, Rene. Incursiona un grupo de encapuchados en Morelos, Periódico Milenio. México, 19 de septiembre del 2002

[185] OZAETA, Ulysses. La guerrilla en México. Fanzine La Cloaca. Puente de Ixtla, Morelos, Mayo 2001

Finalidad del secuestro aparte del económico

El secuestro dentro de la guerrilla tiene distintos fines a parte del económico, como lo marca el manual del guerrillero urbano:[186]

> Secuestrar es capturar y aguantar en un sitio secreto un agente policiaco, un espía norteamericano, una personalidad política, o un notorio y peligroso enemigo del movimiento revolucionario.
>
> El secuestro es usado para cambiar o liberar camaradas revolucionarios encarcelados, o para forzar la suspensión de la tortura en las cárceles de una dictatoría militar.
>
> El secuestro de personalidades quienes son artitas conocidos, figuras del deporte, o que son grandiosos en algún campo, pero que no tienen evidencia de un interés político, pueden ser como una forma de propaganda para los principios patrióticos y revolucionarios de la guerrilla urbana proveyendo que ocurra bajo circunstancias especiales, y el secuestro sea manipulado de una manera que el público simpatice con el y lo acepte.
>
> El secuestro de residentes norteamericanos o visitantes en Brasil constituye una forma de protesta en contra de la penetración y la dominación del imperialismo de los Estados Unidos en nuestro país.

Algunos manuales de Guerra Irregular explican varios puntos que se deben prever antes de efectuar un secuestro, como lo marca uno de los manuales de la Secretaría de la Defensa Nacional de México.

Décima Sección
Los secuestros[187]

Subsección (A)
Generalidades

413. Un secuestro es la captura y custodia de una personalidad o grupo de gentes llevado a cabo en forma violenta o pacífica por elementos armados de una guerrilla urbana, a fin de obtener por este medio un beneficio para el movimiento de resistencia urbana.

---

[186] Versión circulada por la Agencia Central de Inteligencia (CIA) de los EEUU a fuerzas contrarrevolucionarias centroamericanas y a egresados de la Escuela de las Américas en los años 1980. Parece ser una traducción al castellano elaborada sobre una traducción al inglés del original en portugués. MARIGHELLA, Carlos. Mini-manual del guerrillero urbano. Brasil, 1969
[187] Manual de guerra irregular, Tomo I. Sedena. 1998

Subsección (B)
Objetivos

414. Los objetivos más comunes y en contra de quienes se dirigen estas operaciones pueden ser muy variados teniendo en consideración que la persona o grupo de personas capturadas y retenidas por sus características representan objetivos por los cuales pueden hacer presión y lograr la finalidad perseguida con la operación. Entre otros los elementos que pueden ser objetivos para los secuestros son:

A) Personalidades políticas.

B)Personalidades militares.

C) Elementos representativos de algún sector, grupo o empresa.

415. Los objetivos deberán ser escogidos cuidadosamente de entre todos los individuos susceptibles, de manera que su captura y retención, no presente un riesgo mayor del calculado, así como su retención influya definitivamente en la moral del enemigo, por lo que este tipo de operaciones deberán tener por lo general la mayor difusión posible entre el adversario a todos los niveles, así como de la población civil teniendo en consideración que esta propaganda sea bien llevada a efecto de no poner en peligro la seguridad de la operación.

Subsección (C)
Secuela de planeo

416. Dentro de los aspectos que se deben tomar en cuenta como parte del planeo de un secuestrado tenemos entre otros los siguientes:

A) Determinación del objetivo.

B) Selección del lugar para el secuestro.

C) Planeo de la operación.

D) Selección del lugar para la retención del secuestro.

E) Peticiones a formularse a cambio del o los secuestrados.

F) Planeo de la culminación de la operación.

417. En síntesis, la finalidad de los secuestros puede enunciarse de la siguiente forma:

A) Afectar la moral del enemigo.

B) Obtener algún beneficio (económico, material, liberación de personas, etc.)

C) Apoyar a otras fuerzas reteniendo a los secuestrados.

D) Distraer la atención de otras actividades de fuerzas regulares o irregulares.

El Partido Proletario Unido de América y su brazo armado

Los antecedentes de grupos guerrilleros en Morelos datan de 1973, cuando miembros del Partido de los Pobres (PdlP) encabezados por Lucio Cabañas, deciden apoyar a Florencio "El Güero" Medrano y su Partido Proletario Unido de América (PPUA) en el reclutamiento y formación de grupos guerrilleros en el estado, con la intención de emprender una "guerra popular prolongada" y derrocar al gobierno.

Con el apoyo obtenido, el PPUA formó su brazo armado bajo el nombre de Ejército Proletario de Liberación y Unificación de América. Éste, albergó a obreros y campesinos dentro de sus filas principalmente.

Al respecto, el exmiembro del PdlP, Julio Melchor Rivera Perrusquía, recuerda en un texto titulado *Las luchas campesinas por la tierra y el movimiento gu*errillero.

"En 1973, Lucio y El Güero Medrano trataron de unificar en un frente común a todas las organizaciones armadas que existían en el país; sus esfuerzos nunca fructificaron. Sin embargo, sí hubo acciones conjuntas de ambas organizaciones. Fueron siete años de lucha a la par"

Gracias a la discrecionalidad con la que trabajaba el PPUA las autoridades poco sabían de la existencia de la misma, aun así, los fondos dados por las bases guerrilleras eran insuficientes, razón por la cual tuvieron que echar mano a los asaltos bancarios y secuestros en Morelos y otros estados de la república en coordinación con miembros de distintas agrupaciones insurgentes con la finalidad de hacerse de pertrechos.

Entre los nombres que figuraron como secuestrados entre 1973 y 1975 por la guerrilla, se encuentran: Sara Martínez de Davis; Manuel Mariscal Abascal; Élfego Coronel Ocampo, expresidente de Puente de Ixtla y Jorge Morales Orañegui de los cuales se pidieron fuertes sumas de dinero[188].

En 1979, las autoridades consideran desmantelado el PPUA y su brazo armado con la captura de varios militantes y con el asesinato en Oaxaca de Florencio Medrano, sin percatarse que dichas agrupaciones se habían transformado y mimetizado para sobrevivir

---

[188] ARANDA, Julio. Detrás de los secuestros en Morelos podría estar el EPR, como sucedió en los años setenta con la guerrilla de Lucio y Genaro. Semanario Proceso, México, 19 de agosto de 1996.

en la clandestinidad sin disminuir sus acciones de propaganda ideológica en algunas comunidades rurales.

Una parte de los militantes del Partido Proletario Unido de América y su brazo armado se incorporaron al Partido de los Pobres y otros a las guerrillas gestadas en distintos puntos del país con las cuales tenían muy buena relación. Varios de ellos se trasladaron a Guerrero, y el Distrito Federal principalmente para recibir adoctrinamiento político-militar con la finalidad de promover bases y células guerrilleras en Morelos.

EPR y ERPI en Morelos

Con la unión del Partido Revolucionario Obrero Clandestino Unión del Pueblo (PROCUP-UP) y el Partido de los Pobres (Pdlp) principalmente nace el Ejército Popular Revolucionario (EPR) y posteriormente el Ejercito Revolucionario del Pueblo Insurgente (ERPI)

El EPR al igual que el ERPI (ambos con presencia en Morelos), han visto en el secuestro un medio para recaudar grandes cantidades de dinero, como lo comenta el Comandante José Arturo, miembro de la dirección nacional del Ejército Popular Revolucionario al ser cuestionado sobre sus mecánicas de financiamiento.

> ... el pueblo no tiene ni para comer y, a pesar de eso, sigue siendo un sustento para la existencia y el desarrollo de nuestro ejército y nuestro partido. Pero es necesario considerar que existe una fuente de financiamiento y, concretamente, los recursos los obtenemos de las expropiaciones que se desarrollan en sus diferentes modalidades, como son la expropiación bancaria y el secuestro de grandes empresarios, que son los que tienen en su poder los grandes capitales, producto no del desarrollo de la industria de nuestro país, sino básicamente de la especulación.

Al preguntársele sobre su participación en los secuestros que se estaban dando, comentó.

> Hay un refrán jurídico que es muy común: "A confesión de parte, relevo de pruebas". Nosotros no podemos afirmar o negar si somos o no los autores con respecto a uno u otro de los secuestros. Lo que sí podemos decir es que ésa ha sido una de las modalidades que nos ha permitido hacernos de recursos para dotarnos del equipo necesario y dar una respuesta al Estado en esta modalidad de guerra no declarada que está implementando contra nuestro pueblo.[189]

En agosto de 1997, el Sistema Estatal de Seguridad Pública (SESP), descubrió la presencia de grupos armados en la región sur de Morelos con vecindad en Guerrero. Debido a la preocupación provocada, las autoridades formaron en julio de 1998 la "Coordinación Morelos" presidida por el entonces gobernador Jorge Morales Barud. Dicha agrupación fue conformada por representantes del Centro de Investigación y Seguridad Nacional (Cisen),

---

189 CORREA Guillermo, LOPEZ Julio César. "Ni el EZLN ni nosotros somos los únicos grupos armados que existen en México". Semanario Proceso. México, 12 de agosto de 1996.

la XXIV Zona Militar, Procuraduría General de la República, Policía Federal, y corporaciones policíacas estatales[190].

De acuerdo a investigaciones realizadas por el SESP, desde noviembre de 1998 el Ejército Revolucionario del Pueblo Insurgente había realizado actividades de propaganda, ideologización, adoctrinamiento y reclutamiento en siete comunidades de los municipios de Amacuzac, Temixco y Puente de Ixtla,[191] razón por la cual, se reforzó el trabajo de Inteligencia, debido a la vecindad que el estado tiene con el Distrito Federal, representando así, una vía rápida de desplazamiento a la capital.

Durante el mandato de Jorge Carrillo Olea, dos reportes del SESP anuncian la existencia del "Comando Rojo" formado por al menos siete organizaciones insurrectas. De las cuales figuró el Ejercito Popular Revolucionario, Ejercito Revolucionario del Pueblo Insurgente y el Comando Zapatista Justiciero de Liberación Nacional.

Los focos rojos se prendieron el 11 de octubre, cuando se detectó en la capital morelense la presencia de cuatro milicianos del ERPI dirigidos por el comandante Gregorio. Dichos milicianos estuvieron en el consultorio de Juan Blech Nieto. Lo mismo sucedió el 14 de octubre del mismo año con el entonces diputado panista, Fernando Martínez Cué. Al respecto, Juan Blech declaró a los agentes del Cisen:

> *"A mi consultorio llegan organizaciones de campesinos e indígenas para que les regale medicinas. El día 11 llegaron cuatro, pero nunca me dijeron que eran del ERPI, hasta después que uno de ellos se colocó una pañoleta en la cara".*[192]

Por estos hechos, Juan Blech fue investigado por elementos de inteligencia y seguridad nacional sin que se le pudiera vincular con algún grupo armado.

La presencia de la Coordinadora Guerrillera Nacional José María Morelos

Durante la tarde del miércoles 14 de Febrero del 2001, una veintena de hombres embozados, con uniforme tipo militar de color verde y armados principalmente con rifles AK-47, rompieron la tranquilidad en el poblado de San Felipe Neri, perteneciente al municipio de Tlalnepantla.

Según testimonios de algunos presentes, los hombres armados se identificaron como militantes de las Fuerzas Armadas Revolucionarias del Pueblo (FARP)

---

[190] JULIO, Aranda, Matías Pedro. Pueblos de Oaxaca y Morelos, entre dos temores: la guerrilla y la represión. Semanario Proceso. México, 1 de noviembre de 1999.
[191] Ídem.
[192] JULIO, Aranda, Matías Pedro. Pueblos de Oaxaca y Morelos, entre dos temores: la guerrilla y la represión. Semanario Proceso. México, 1 de noviembre de 1999.

Los milicianos anunciaron ante los pocos presentes que ahí se encontraban por casualidad, la coordinación con el Ejército Villista Revolucionario del Pueblo (EVPR) para formar así, la Coordinadora Guerrillera Nacional José María Morelos.

Dicha coordinadora posee recursos financieros y logísticos para moverse en por lo menos cinco estados, aseguró el teniente José Luis, quien dirigía en ese momento la incursión.

Guerrero, Oaxaca, Morelos, Puebla y el estado de México, son los estados que cuentan con células erpistas, afirmó el teniente.[193]

En el mes de enero del 2003, la Secretaría de Seguridad Pública del Estado en coordinación con el Centro de Investigación y Seguridad Nacional informó a la Procuraduría General de la República sobre las actividades que miembros del las FARP realizaban en el estado.

De acuerdo a dicho informe, la ubicación geográfica de Morelos permitía que los guerrilleros tuvieran un centro de operaciones donde realizaban actividades de reclutamiento, adiestramiento y tráfico de armas.[194]

Según dicho informe, Beatriz Castelo Mira[195] fue identificada como la comandante Beatriz, así como Rubén Jiménez Ricardez, Emilia Valdez Neri[196] y a un médico de nombre Germán como supuestos dirigentes de dicha organización.

La información fue recabada en 12 días por agentes encubiertos de la Secretaría de Seguridad Pública del Estado logrando ubicar la casa del diputado José Luis Correa Villanueva como punto de reunión de los supuestos dirigentes farpistas.

Dicho documento molestó a la directiva del Partido de la Revolución Democrática (PRD) ya que involucraba a varios de sus militantes, razón por la cual la directiva estatal con Graco Ramírez al frente, interpuso una denuncia por difamación y espionaje contra el Gobernador Sergio Estrada Cajigal.

También existen versiones de pobladores de Coatlán del Rio, Coatetelco y Tetecala que se han percatado sobre supuestas actividades de personas afines a grupos guerrilleros.

Con estos hechos una cosa está clara: que en Morelos sí existe presencia de grupos guerrilleros y hay indicios que éstos incursionan al estado con la intención de adoctrinar y recaudar fondos, fondos que en muchos casos provienen del secuestro.

Caso Paola Gallo

---

[193] OLMOS, José Gil. Habrá una respuesta armada de las FARP si el EZLN es agredido, advierte el teniente José Luis. Diario La Jornada. México, 15 de febrero del 2001
[194] VEGA, René. La policía de Morelos detecta red subversiva de las FARP. Diario Milenio, México, 14 de enero del 2003
[195] Esposa del que fuera director del sistema de radio y televisión del Congreso local.
[196] Líder de la Unión Popular de Yautepec.

Un caso significativo de la vinculación de la guerrilla con el secuestro actualmente fue el caso de la profesora Paola Gallo Delgado, hija de Eduardo J. Gallo y Tello, empresario hotelero y exfuncionario de la Procuraduría General de la República.

Los hechos se registraron la madrugada del 9 de julio del 2000, cuando un comando armado integrado por cinco sujetos lograron introducirse en la casa de descanso de la familia Gallo ubicada en la comunidad de Tepoztlán, tomando por sorpresa a los siete jóvenes que se encontraban en su interior disfrutando el fin de semana en ese municipio, poniendo especial atención a Paola Gallo.

De inmediato, algunos de los asaltantes ataron y amordazaron a los jóvenes. Mientras otros revisaban los cajones en busca de objetos de valor sustrayendo una computadora, un teléfono celular, ropa, una agenda entre otras cosas. Una vez que subieron lo robado a los automóviles[197] y después de haberse tomado el tiempo suficiente para ingerir alimentos salieron con Paola Gallo, fue subida en su propio automóvil, un Focus blanco que se retiró con rumbo al camino vecinal que comunica a Tepoztlán con Yautepec, mientras que los otros secuestradores se retiraron en un Nissan Tsuru y un Stratus, este último, propiedad de un amigo de la profesora.

De inmediato, Paola Gallo fue llevada a una casa de seguridad ubicada en el poblado de Calera Chica, municipio de Emiliano Zapata y propiedad de María Luisa Zamora Arellanos.

Negociación

Treinta horas después de sucedidos los hechos los plagiarios hicieron el primer contacto con Eduardo Gallo y Tello a quien le pidieron inicialmente dos millones de pesos bajo las amenazas de matar a su hija de no juntar la cantidad exigida. Después de la primer llamada siguieron otras donde el padre de la joven aprovechó para aclarar que no poseía tal suma de dinero. Con amenazas de muerte hacia su hija y grabaciones de ella que solicitaba pagará el rescate se disminuyó lo pedido.

El martes 11 de julio los plagiarios se comunicaron con los familiares de la víctima para forzar el acelere del pago, solo que esta vez usaron a la hija del empresario que aleccionada y con voz suplicante, pedía se vendiera todos los bienes para pagar su liberación.

Los secuestradores se comunicaron el viernes 14, disminuyendo en un 50 por ciento lo exigido. Al día siguiente solo exigieron un 25 por ciento de la cifra inicial y a pocos minutos de haber iniciado el día domingo una llamada fue recibida por el empresario que lo desconcertó totalmente, eran los secuestradores que aceptaban la cantidad juntada hasta ese momento y que debía ser entregada ese mismo día.

---

[197] El vehículo Nissan Tsuru con placas 6853MT, en el que llegaron los plagiarios fue reportado como robado el 29 de junio en la delegación Benito Juárez de la Ciudad de México

De acuerdo a las instrucciones de los plagiarios, quien entregaría el dinero debía trasladarse a Cuernavaca[198] donde se cerciorarían de que no fuera una trampa y darían las instrucciones finales. El dinero fue recibido a las 3:17 de la madrugada. 19 minutos después, los secuestradores se comunicaron para informar sobre el recibo del rescate y la liberación de la profesora Paola al día siguiente.

El mensaje de los secuestradores sobre la no liberación de Paola en ese momento resultó alarmante para los familiares y agentes de la Policía Federal Preventiva que se encontraban desde el primer día del plagio asesorando a la familia Gallo.[199]

Asesinato de Paola y de tres secuestradores

Horas después, las investigaciones sufren un vuelco cuando los plagiarios Miguel Salgado Nájera[200], Juan Miguel Lima Hernández y su hermano Neftalí se ven traicionados por elementos de la misma agrupación, quienes fastidiados por no recibir el dinero producto de sus plagios en forma equitativa, decidieron ultimarlos con armas AK-47 y pistolas escuadra calibre nueve milímetros y .38 súper.[201]

En el asesinato participaron Anselmo Hernández Benítez, Antonio Barragán Carrasco,[202] Gilberto Aguirre Bahena,[203] Alejandro Aguirre Bahena[204] y otros dos sujetos que se dieron a la fuga dejando los cuerpos de los occisos a la altura del kilómetro 77 de la carretera México-Cuernavaca, en Ocotepec, junto con 115,200 pesos y un lote de joyas correspondiente a los 175 mil pesos que el padre de la plagiada pagara por la liberación de su hija[205].

---

[198] Se debe tomar en cuenta que las negociaciones se hicieron desde un inicio en la Ciudad de México.

[199] La Policía Federal Preventiva (PFP) acordó con la familia Gallo no actuar hasta que la joven regresara a su casa a salvo. Sin embargo, con la finalidad de asesorar a la familia Gallo sobre los procedimientos a llevar en las negociaciones con los secuestradores, dos oficiales de nombre Jesús y Armando permanecieron en todo momento con la familia.

[200] Originario de Tepetixtla, Guerrero, militó dentró de las filas del Ejército Popular Revolucionario (EPR) donde fungió como gatillero. Algunos pobladores de Tepetixtla le adjudican más de 15 muertes en la región sin que se le lograra comprobar nada.

[201] Existe evidencia que la Comandancia del Ejército Popular Revolucionario y del Ejercito Revolucionario del Pueblo Insurgente ordenaron ultimarlos por sus negativas a entregar el dinero a "la causa" producto de los plagios realizados en distintos puntos del país.

[202] Este había pertenecido al Ejercito Popular Revolucionario y tiempo después se integro al Ejercito Revolucionario del Pueblo Insurgente.

203 Gilberto Aguirre Bahena es militante de la Organización Campesina Sierra Sur. Según autoridades, dicha agrupación tiene fuertes nexos con el Ejército Popular Revolucionario razón por la cual su líder y fundador Benigno Guzmán fue recluido en el Centro Federal de Readaptación Social en Puente Grande, Jalisco. GUTIÉRREZ, Maribel. Dijeron haber ``oído'' que el líder es Benigno Guzmán "Tres son miembros de la OCSS" los consignaron por portación de arma prohibida. Periódico La Jornada. México, 12 de julio de 1996.

[204] Conocido en el EPR, como teniente Cesar.

205 MARTÍNEZ, Agustín. Describe secuestrador cómo plagiaron a la maestra Paola Gallo. Periódico Milenio. México, 5 de diciembre del 2002

Ese mismo día fue encontrada Paola Gallo sin vida, con los ojos vendados y atada de pies y manos en un campo deportivo del municipio Emiliano Zapata, cuya ejecución había culminado con el tiro de gracia en la nuca.[206]

El Procurador General de Justicia, Rogelio Sánchez Gaticia, informó el miércoles 19 de ese mes, sobre la aprehensión de cuatro hombres y dos mujeres relacionados con el plagio de Paola Gallo y el 90 por ciento del avance en las investigaciones. Un día después y en completa contradicción a lo declarado fueron presentados a los medios de comunicación Catalina Olivares Amaro de 37 años, Fania Tovar García de 25 años,[207] Petra Benítez Barrios de 51 años, Librada Tovar García de 48 años, Luz Edith Bouches de 25 años, María Luisa Zamora Arellano y Anselmo Hernández Benítez de 23 años.

Estas anomalías provocaron que integrantes de varias Organizaciones No Gubernamentales[208] se manifestaran contra la poca seriedad en las investigaciones y declaraciones de los cuerpos de seguridad.

Al momento de la captura de los seis individuos, se les decomisó tres celulares, de los cuales, uno pertenecía a Paola Gallo y aceptaron en ese momento ser partícipes de por lo menos cinco secuestros perpetrados en la misma población.[209]

Declaraciones de Anselmo Hernández Benítez

Con la finalidad de desviar las investigaciones que realizaban los agentes investigadores, Anselmo Hernández Benítez, originario de Coyuca de Benítez, Guerrero y presunto militante del EPR, aseguró que sus tres compañeros habían sido ejecutados por 16 sujetos vestidos de negro fuertemente armados y con perros entrenados.

"De repente aparecieron 16 sujetos quienes nos enfrentaron dándole muerte a Miguel Salgado Nájera, Juan Miguel Lima Hernández y su hermano Neftalí..."

"Les dije que corriéramos y luego vi como estaban tirados los otros compañeros..."[210]

En cuanto a los plagios realizados por la organización declaró haber sido partícipe del secuestro de Berta Lilia Orozco, María Virginia Fabían del Conde, Juan Ibáñez Trueba, así como de dos mujeres de nombre Sara y Margarita. La mayoría de estos, visitantes de fin de semana en Tepoztlán.

---

206 Con tiro de gracia ejecutan a tres personas en Ocotepec, Cuernavaca. Periódico La Jornada Morelos. Cuernavaca, Morelos, 18 de julio del 2000

207 Fania Tovar García fungía dentro de la estructura de inteligencia en el grupo de plagiarios. Haciéndose pasar por empleada doméstica solicitaba trabajo en las casas de descanso para dar a conocer a los secuestradores el mayor número de datos que lograba recabar.

208 Muchas de ellas formadas a partir de 1995, cuando el número de secuestros se incrementó considerablemente.

209 PRECIADO, Tlaulli Rocío. Confiesan asesinos de Paola. Periódico La Unión de Morelos. Cuernavaca, 25 de julio del 2000

210 Averiguación previa SC/1a/4303/00-07

De acuerdo a la información dada por Anselmo Hernández Benítez, se obtuvo 500,000 pesos por la liberación de Margarita, así como 320,000 de Berta Lilia Orozco; 120,000 pesos de Fabián del Conde y 120,000 de Juan Ibáñez Trueba. De los cuales, exigían a los familiares como monto inicial 2 millones de pesos.[211]

Investigaciones de Eduardo Gallo

Según declaraciones de Eduardo Gallo, al ver el poco interés por parte de las autoridades de resolver el secuestro y asesinato de su hija, decidió realizar en forma paralela a las autoridades una investigación para dar con los responsables.

El primero logró que obtuvo, fue el poner tras las rejas a Francisco Zamora Arellano, conocido dentro de la banda delictiva como "el apache II" y homicida material de Paola Gallo bajo las órdenes de Anselmo Hernández Benítez.

Francisco Zamora se encontraba viviendo en un departamento ubicado al norte del municipio de Tultitlán, Estado de México y propiedad de una media hermana suya.

Los datos que facilitaron dar con su paradero en casi cinco meses de investigación, fueron proporcionados por su hermana María Luisa Zamora Arellanos, quien se encontraba presa por haber facilitado una de sus propiedades como casa de seguridad donde se mantuvo a Paola Gallo.

Una vez que se logró identificar el domicilio exacto del "Apache II", el coordinador general de la Policía Ministerial, Agustín Montiel y el procurador de Justicia de Morelos, José Luis Urióstegui Salgado enviaron a cuatro elementos de la Policía Ministerial para capturar a Francisco Zamora el 17 de junio del 2001.

En septiembre del mismo año se logró la captura de Antonio Barragán Carrasco. Éste operaba con varios seudónimos para dificultar su captura a las autoridades que lo perseguían. "Arturo Rivera Policarpo", "Arturo Olea Benítez" y "Herminio Olea Mena" fueron algunos de los mucho nombres con los que se identificaba.

Durante el secuestro de Paola Gallo, Barragán Carrasco tuvo algunas diferencias con los jefes de la banda y por esta razón, fue expulsado de la banda. Movido por la venganza y con el apoyo de su cuñado Anselmo Hernández Benítez planificaron matar a Miguel Salgado Nájera, Juan Miguel Lima Hernández y a su hermano Neftalí.[212]

---

[211] PRECIADO, Tlaulli Rocío. Confiesan asesinos de Paola. Periódico La Unión de Morelos. Cuernavaca, 25 de julio del 2000.
[212] Esta información consta en la declaración preparatoria rendida por Anselmo Hernández ante el juez segundo penal del Primer Circuito Judicial en Atlacholoaya, Morelos.

A doscientos kilómetros de Ensenada, Antonio Barragán se encontraba radicando junto con su esposa, en un pequeño poblado de nombre San Quintín, Baja California. Lugar donde trabajó como campesino y mantuvo algunas actividades delictivas que realizaba junto con algunos familiares de su esposa. Movidos por "la convicción" de la lucha de clases asaltaban ranchos o efectuaban secuestros express.

La policía judicial ya había abierto una investigación para dar con Antonio Barragán y sus acompañantes debido al asesinato de un vigilante del rancho "El Pedregoso" ubicado en las afueras del poblado de San Quintín.

De acuerdo a la denuncia puesta ante el agente del Ministerio Público por familiares del occiso, Antonio Barragán junto con sus acompañantes asesinaron al vigilante cuando éste se les enfrentó con el objetivo de evitar el asalto.

Partiendo de varias investigaciones los agentes ministeriales y el empresario Eduardo Gallo lograron ubicar la casa de Barragán Carrasco, donde se aproximaron disfrazados de campesinos. Al momento de la llegada de los agentes policíacos y el empresario a la casa de Antonio Barragán, solo se encontraba la esposa del guerrillero-secuestrador, quien mantuvo con los agentes una plática sobre la lucha de clases sin percatarse que éstos tenían las intenciones de capturar a su esposo. Cuatro horas después, al momento que Barragán Carrasco llegaba a su hogar, fue capturado por las autoridades.

Después de casi siete meses de investigación por parte de Eduardo Gallo y un grupo de agentes policíacos, se localizó el paradero de Gilberto Aguirre Bahena en Mexicali, Baja California y el jueves 16 de mayo del 2002 se logró su captura bajo la orden de aprehensión por el presunto delito de homicidio calificado y asociación delictuosa contra Neftaly Lima Hernández, Juan Lima Hernández y Miguel Salgado Nájera, secuestradores de Paola Gallo.[213] Poco tiempo después de su captura, fue trasladado al Centro de Readaptación Social de Atlacholoaya, Morelos

Reacción de grupos de apoyo

Poco tiempo después de la aprehensión de Gilberto Aguirre Bahena, algunos grupos de izquierda se manifestaron en contra por las supuestas irregularidades que se dieron al momento de su captura, destacando el Partido de la Revolución Democrática (PRD) y la Organización Campesina Sierra Sur (OCSS), quienes solicitaron de inmediato apoyo a algunas organizaciones de derechos humanos.

Entre los grupos defensores, la Liga Mexicana por la Defensa de los Derechos Humanos mando un pronunciamiento al gobierno de Morelos, el cual decía:[214]

ACCION URGENTE
México, D.F., a 02 de julio de 2002

---

[213] Causa penal 21/05/2002.
[214] Liga Mexicana por la Defensa de los Derechos Humanos. No. DE REFERENCIA: LFD-MOR-021-2002

La Liga Mexicana por la Defensa de los Derechos Humanos, solicita su intervención inmediata ante LA DETENCIÓN ARBITRARIA, TORTURA e IRREGULARIDADES EN EL PROCESO en contra de Gilberto AGUIRRE BAHENA integrante de la Organización Campesina de la Sierra del Sur (OCSS)

Según denuncia recibida, Gilberto Aguirre Bahena de 30 años, originario de San Luis Loma, Técpan de Galeana Guerrero, fue detenido el 16 de mayo del 2002 en Mexicali Baja California, a las 18:00 horas, en las afueras del Hotel California.

HECHOS:

El 09 de julio del 2000 fue secuestrada la joven Paola GALLO DELGADO, hija de Eduardo GALLO TELLEZ. El 16 de mayo fue ejecutada a manos de sus secuestradores y ese mismo día tres de los secuestradores aparecen muertos después de cobrar el rescate. A Gilberto AGUIRRE BAHENA, lo acusan del asesinato de los tres secuestradores.

En relación con estos hechos hay ocho personas detenidas en el Penal de Atlacholoaya, Morelos, quienes, según sus testimonios, han sido torturados según refieren y reconocen al Sr. Eduardo GALLO, como el que en compañía de policías judiciales los detiene, tortura y hostiga. La madre de uno de los detenidos la Sra. Petra BENITEZ BARRIOS fue violada sexualmente y torturada en abril de este año, los familiares son amenazados de muerte y hostigados constantemente, a los abogados que han tomado la defensa los amenaza de muerte y han sufrido extraños accidentes, por lo que al momento permanecen en indefensión por el temor de los abogados de tomar el caso y las familias viven con temor por las constantes amenazas del Sr. Gallo.

Testimonio de Gilberto AGUIRRE BAHENA:

"El jueves 16 de mayo del 2002, me encontraba conduciendo una camioneta toyota cuando alrededor de las 7:00 de la noche, se me cerró un coche color gris con las iniciales de la P.G.J.[215] y al mismo tiempo llegaron 5 sujetos bajándome de forma violenta de mi camioneta y subiéndome a su automóvil trasladándome con golpes, me preguntaban por mi hermano, un sobrino y el "gordo", yo les decía que ellos estaban en Estados Unidos y me seguían torturando diciéndome que no me hiciera pendejo que ellos vivían conmigo que dónde estaban, me querían obligar a que les llamara por teléfono para poder localizarlos y yo no quise, por lo que me quitaron mi cartera con el dinero que llevaba mi cinturón, y me llevaron a un terreno baldío, me torturaron poniéndome bolsas en la cabeza para que no respirara también me golpeaban en el estomago haciéndome vomitar sangre y me decían que llevaban orden de matarme y me seguían golpeando en la cara, me cargaron toda la noche golpeándome queriendo que les entregara a mi hermano Alejandro, a un

---

[215] Procuraduría General de Justicia.

amigo de él y a mi sobrino; También me interrogaban preguntándome por mi cuñada Soledad BENITEZ. Traían en una hoja los nombres de los hijos de la Sra. Soledad y demás familiares de ella, así como de la esposa de Alejandro y de sus hijos, traían fotografías de todos ellos, y fotos de las casas donde viven. Me estuvieron amenazando con matarme e ir por mi esposa e hijas que ya las tenían ubicadas; Después me llevaron a una oficina donde me seguían torturando sin decirme cual era el motivo de mi detención, me preguntaban si pertenecía al grupo del EPR. Yo les contesta que no, al decirles que no, me volvían a golpear y me decían que lo que me preguntaban les tenía que contestar que sí. Me preguntaban por mis hermanos, que por qué habían matado a mi hermano Eugenio, que si habían participado en el grupo armado, a puntas de golpes me obligaron a decir que sí anotando todo en un cuaderno. Me decían que era mi última oportunidad, que si decía lo contrario me iba a llevar la chingada a mí y a mi familia que saben donde viven y me dijeron que eran dos minutos de mi vida, que si no aprovechaba la oportunidad que me matarían a mi, a mi esposa y a mis hijos, me amenazaban que me iban a entregar con los militares y que ellos me iban a desaparecer.

Les dije que me había ido a Estados Unidos, porque desde que mataron a mi hermano yo tenía miedo ya que toda mi familia a sido perseguida por su participación en la OCSS (Organización Campesina de la Sierra del Sur) Durante el interrogatorio me preguntaban por Benigno GUZMÁN MARTINEZ y Marino SÁNCHEZ, me mostraron fotos de mi familia de sus casas para que los entregara. Me pedían la dirección de mi hermano Alejandro y me seguían golpeando, los engañe diciéndoles una dirección falsa así que me trajeron un rato dando vueltas hasta que se desesperaron de tanto buscar me golpearon más cuando se dieron cuenta que los engañe, de ahí me llevaron a una oficina donde me pusieron nuevamente la bolsa, me golpeaban en los oídos en la nuca en la cabeza, me preguntaban que a quien mate en Morelos, yo les decía que a nadie que si me había ido de nuevo a Estados Unidos, era porque estaba terminando mi casa. Diciéndome que yo había matado tres secuestradores, en la oficina me tuvieron como un ahora hincado haciéndome repetir cosas que llevaban en un cuaderno amenazándome con entregarme a los militares, si no aceptaba lo que me decían.

De la cartera que me quitaron marcaron un teléfono para que citara a una persona a un lugar, como me tenían la pistola en la cabeza dije lo que me pidieron citándolo en un lugar al que fueron por él, al poco rato llegaron con el cuñado de mi hermano, lo llevaban con una bolsa en la cabeza y lo iban golpeando, después ya no supe nada de él. Cuando me presentaron en el Cereso me dijeron que cuando me presentaran al juzgado, yo tenía que decir lo mismo, que en mi declaración iba a estar una persona de la judicial escuchando todo, que si no decía lo que me dijeron, me sacarían del CERESO y me entregarían con los militares y entonces iba a valer madre yo y mi familia, por último me dijeron que estaba acusado de homicidio en contra de Miguel Salgado Najera, Neftalí Lima Hernández y Juan Lima Hernández, presuntos secuestradores de la joven Paola Gallo. En mí detención participó policía judicial de Mexicali y de Morelos. Lo supe por una conversación que tuvieron. Como a las 11:00 de la noche me llevaron al aeropuerto, en el avión iba un señor alto gordo, pelo quebrado con una cola en el pelo, presentándose como el Comandante GALLO, diciéndome que me tenían ahí como responsable de la muerte de tres secuestradores que hasta que yo entregara a los verdaderos me soltarían porque sabían que yo no era.

En la Procuraduría después de certificarme las lesiones que llevaban me metieron a un cuarto y siguieron torturándome en presencia del Sr. gallo, otro de los que me torturó era alto con lentes. El 18 de mayo me presentaron a declarar, frente a mí estaba uno de los que me torturó por lo que tuve que declarar todo lo que ya me habían dicho por temor. Cuando mi familia me visitó por primera vez me dijeron que no les dijera nada de lo que me habían hecho por que me iba a ir mal. Los asesinatos de los cuales se me acusa los cometió la misma policía por mando de Eduardo Joaquín gallo Téllez padre de Paola Gallo. Un día en el penal me visitó el Sr. Eduardo Gallo dándome dinero para hablarle a mi familia, llevaba dos bolsas de "sabritas", dándome una y me dijo que él sabía que yo no había participado en el secuestro y asesinato de su hija Paola, pero que les entregara a mi hermano Alejandro, a un amigo y a mi sobrino. El Sr. Eduardo Gallo entra y sale del penal armado para intimidarnos, torturarnos y amenazarnos.

Después de su detención fue incomunicado y segregado por tres días, en el Penal de Atlacholoaya donde el Sr. Gallo en varias ocasiones ha entrado a su celda para torturarlo y amenazarlo. El día 27 junio de 2002, el director del penal entró a su celda y lo golpeó por las declaraciones que dio a los medios de comunicación y lo amenazó de que si denunciaba le iría mal.

Su esposa Isabel SALGADO AMARO de 26 años. Quien se quedó al cuidado de sus cuatro hijos (de siete, cinco, cuatro años, y uno de nueve meses), después de la detención de su esposo ha sufrido hostigamiento por parte de agentes judiciales de la Procuraduría de Justicia y del Sr. GALLO.

El 20 de mayo del 2002 fue a visitar a su esposo, y saliendo del penal de Atlacholoaya, Morelos, se dio cuenta que dos sujetos la seguían, al abordar el autobús que los lleva hasta el mercado, los sujetos alcanzaron el autobús y se subieron, uno adelante y otro atrás, la señora acompañada del Lic. José Sánchez, defensor particular, aparentaron bajarse y uno de ellos se bajó y en la parada siguiente se bajó el otro.

El 11 de junio, visitó nuevamente a su esposo, negándole el paso, ella pidió verlo en locutorio (ya que no era día de visita), no le permitieron pasar; diciéndole el oficial que le dijera que lo que le quería decir y él le pasaría la información. Saliendo de ahí, un hombre chaparro, moreno, cabello ondulado vestido con una camisa azul tipo mezclilla y pantalón negro de mezclilla con esclavas, medallas anillos, la siguió. Subió al camión y el señor la siguió en su carro tipo camioneta color negra, el camión se paro y adelante había una camioneta de la policía, el carro se acercó a la camionera y los perdió de vista.

El 22 de junio del 2002. La señora visitó a su esposo, saliendo del Cereso de Atlacholoaya se dio cuenta que la seguían hasta la colonia Zapata, eran seis individuos vestidos de negro y blanco, iban en un carro con placas 129, Cavalier blanco modelo 98 o 99 con tumba burros, de la Procuraduría de la Justicia del Estado de Morelos.

El martes 25 de junio se suspendió la diligencia que se tenía programada para ese día a petición del señor GALLO, a la salida del Jugado la señora tomó fotos de los policías que la han seguido y éstos molestos quisieron quitarle la cámara. La señora no lo permitió y se retiraron del lugar, los policías entraron al juzgado amenazando a su esposo con desquitarse con él. Como señalamos, dos días después fue sacado de su celda y golpeado, por el propio Director del Penal.

SITUACIÓN JURÍDICA.

Expediente penal 140/2001, por los delitos de homicidio.

Es presentado el día 18 de mayo en Morelos, la detención estuvo a cargo del policía judicial de Morelos Rey David Gutiérrez Flores. El Proceso se encuentra en periodo de presentación de pruebas, se presentaron 30 pruebas para demostrara la inocencia de Gilberto AGUIRRE. 25 de junio se difirió la diligencia a petición del Sr. Gallo para el próximo 28 de agosto, lo que retarda el proceso.

ANTECEDENTES:

Gilberto AGUIRRE BAHENA es miembro de la Organización Campesina de la Sierra del Sur (OCSS) Él y su familia han sido objeto de agresiones:

Su hermano, Eugenio AGUIRRE BAHENA fue asesinado el 15 de julio de 1995 por "paramilitares", entre ellos Charo BENITEZ (EL PUJAS), Florentino CRUZ GUZMAN, Gabriel VAZQUEZ, Eulalio LOEZA, y Adolfo CRUZ GUZMAN, quienes operan impunemente en la región de Tepetixtla, Gro. Su papá Roberto AGUIRRE, fue desaparecido por los militares en los años 70. Su primo de Benito BAHENA, desparecido en los noventa; Su hermano Salomé AGUIRRE BAHENA desaparecido durante 11 días, fue detenido el 9 de agosto de 1998, en Acapulco, Guerrero, por elementos de la Policía Judicial del Estado y de la Policía Judicial Federal. Fue sometido a diferentes torturas por elementos de la Policía Judicial Federal y del Ejército Federal Mexicano, además de ser recluido en el Penal de Acapulco donde continua hasta la fecha con un proceso bastante irregular.

La Limeddh-FIDH comparte el dolor de las víctimas de secuestro para las cuales debe existir una verdadera investigación de los hechos para lograr el castigo de los responsables sin permitir el llevar a juicio a personas inocentes a quienes se les trata de involucrar y acusar de secuestradores.

En nuestro análisis y en este contexto de buscar y demostrar a la sociedad la efectividad de la investigación y la prontitud con la que detienen secuestradores, encontramos: una mala integración de las Averiguaciones Previas; la declaración de los detenidos bajo tortura; Irregularidades en el proceso; La omisión de la policía y el ministerio publico quienes a pesar de las visibles huellas de tortura, no piden sea investigada ni que se abra una averiguación previa por tortura; la exhibición pública como delincuentes ante los medios de comunicación sin que antes se haya determinado en juicio su culpabilidad y por consecuencia con violación de sus garantías individuales.

La Limeddh-FIDH manifiesta su preocupación ante tales hechos referidos recordando que son acciones que contradicen los derechos a la integridad personal, libertad personal, el derecho a la vida, a la seguridad jurídica protegidos por los artículos: 1, 4, 5, 10, 14, 16, 17, 18, 19, 20, 22 y 23 de la Constitución Política de los Estados Unidos Mexicanos; 3, 5, 9, 10 y 11 de la Declaración Universal de Derechos Humanos; 4, 5, 7, 8, 9 y10 de la Convención Americana de Derechos Humanos, I, XXV y XXVI de la Declaración Americana de los Derechos Humanos, 6, 7, 9, 10, 11, 14 y 15, del Pacto Internacional de Derechos Civiles y Políticos.

Por lo que la Limeddh-FIDH solicita:

i. Una investigación clara y exhaustiva de los hechos.

ii. Se abra una averiguación previa por los actos de probable tortura, en ocasiones diferentes, para lograr la sanción correspondiente para los responsables de dicho delito.

iii. Se garantice la integridad física y psicológica del preso Gilberto AGUIRRE BAHENA y de sus coacusados dentro del Penal de Atlacholoaya.

iv. Se investigue la presunta responsabilidad del Director del Penal de Atlacholoaya por abuso de autoridad, lesiones y tortura en contra de Gilberto AGUIRRE.

v. La protección a los derechos humanos, y al debido proceso que se le sigue a Gilberto AGUIRRE.

vi. Se garantice la integridad física y psicológica de su esposa, familiares y de la defensa ya que han sido víctimas de hostigamiento.

vii. Se informe de los resultados obtenidos en las investigaciones, el estado que guardan las averiguaciones previas, informando públicamente de los resultados a fin de erradicar la impunidad.

Atentamente,

Limeddh-FIDH
¡Una llama encendida por los derechos de los pueblos!

Dr. Adrián Ramírez López
Presidente

A pesar de que efectivamente existió una mala integración de las Averiguaciones Previas y que en muchos casos fueron golpeados algunos de los secuestradores al oponer resistencia, el testimonio de Gilberto Aguirre Bahena resultó falso en la mayoría de los datos que proporcionó a favor de su defensa.

Al realizarse una investigación para verificar la veracidad del testimonio de Aguirre Bahena se descubrió que no existía relación alguna que vinculara la agresión sexual de Petra Benítez Barrios y los supuestos "extraños accidentes" que sufrían los abogados con las investigaciones realizadas por Eduardo Gallo y los agentes policíacos. En cuanto al supuesto homicidio que Gallo Tello dirigiera en contra de los tres secuestradores encontrados muertos, se descubrió y fundamentó a través de investigaciones, que fueron los mismos miembros de la banda los que los acribillaron.

Otras investigaciones y juicios después de la consignación

Según investigaciones del padre de la ejecutada, un sujeto de nombre Rolando Gómez Corona fue quien había dado información importante a los guerrilleros-secuestradores para que lograran culminar con éxito el plagio de Paola, mismo que fungió como custodio el tiempo que estuvo secuestrada.[216]

Las declaraciones e interrogatorios hechos a los testigos de descargo, de hecho y de ampliación ayudaron a atar cabos sueltos, así como los cateos y pruebas ofrecidas por los detenidos. El primer suceso importante fue cuando el hermano de María Luisa, Marcelino Zamora Arellano, con domicilio en Temixco, se presentó a declarar. Al realizársele una investigación se descubrió que había sido capturado un par de años atrás por robo y puesto en libertad por tratarse de un delito menor. Al investigar su procedencia, se descubrió que era originario de Tepetixtla, Guerrero y llegó al estado de Morelos por haber dado muerte a machetazos al compadre de su papá en 1992. El comandante Pliego, en coordinación con la Policía Ministerial de Guerrero, detuvieron en las puertas del juzgado y pusieron a disposición a Marcelino Zamora Arellano cuando este se presentó a declarar, de acuerdo a una orden de aprehensión en su contra emitida años atrás.

---

[216] MARTÍNEZ, Agustín. Describe secuestrador cómo plagiaron a la maestra Paola Gallo. Periódico Milenio. México, 5 de diciembre del 2002

Este hecho provocó que la hija mayo de María Luisa Zamora Arellanos y su sobrina Anayeli Salgado Zamora entraran en una crisis emocional y declararan haber sido testigos de como tenían a Paola Gallo amarrada en su propia casa. Dieron también en esa ocasión, los nombres de los participantes de ese hecho. El primero en ser identificado por las jóvenes fue Anselmo Hernández Benítez quien se encontraba presente en ese momento para la celebración de la diligencia. Posteriormente, las jóvenes dieron varios nombres desatando una cascada de acusaciones unos contra otros.

Durante los interrogatorios, se descubrió que Miguel Salgado Nájera debía al menos 15 muertos; Antonio Barragán Carrasco confesó ante el juez más de cinco asesinatos y Francisco Zamora Arellanos admitió haber ultimado a Paola Gallo y a otra persona más cuando tenía 17 años. Razón por la cual, al llegar a Morelos, consiguieron credenciales del Instituto Federal Electoral con pseudónimos. En Morelos, Gilberto Aguirre Bahena usaba el nombre de Ramiro Bertín Bahena,[217] mientras que Alejandro Aguirre Bahena empleaba el nombre de Manuel Bertín Rodríguez[218]

El 30 de enero del 2003 las investigaciones rinden más frutos, cuando el Subprocurador de Procedimientos Penales "A" de la Procuraduría General de la República (PGR), Gilberto Higuera Bernal comentó en conferencia de prensa[219] que Gómez Corona contaba con tres órdenes de aprehensión giradas en el Estado de Morelos, la primera por el delito de secuestro, robo calificado y asociación delictuosa; la segunda también girada en el Estado de Morelos, por el delito de secuestro, robo calificado y asociación delictuosa; y la tercera, derivada del homicidio y secuestro de Paola Gallo Delgado.

El 4 de febrero del 2003, el Juez Cuarto de Distrito en el estado de Morelos, decretó el formal procesamiento de Fania Tovar García, María Luisa Zamora Arellano, Francisco Zamora Arellano, Antonio Barragán Carrasco, Ricardo Jaray Salgado y Martín Rivera Rojas por su participación en el plagio de Paola Gallo y todos ellos recluidos en el Centro Estatal de Readaptación Social de Atlacholoaya, Morelos[220]

El caso de Paola Gallo ha sido uno de los más sonados dentro y fuera del estado, donde se logró la captura de los guerrilleros-secuestradores gracias al involucramiento de su padre en la búsqueda de los responsables, aun así, no existen cifras exactas que muestren un panorama real de la participación de las diferentes guerrillas en los casos de secuestros. Lo cierto es, que cada secuestro perpetrado por algún grupo guerrillero tiene características propias que los diferencian de otros realizados por la delincuencia común.

Impunidad de secuestradores en el caso Paola Gallo

---

[217] En Guerrero el número de clave es AGNGL72022912H400, mientras que en Morelos era el BRBHRM72022912H600
[218] Al igual que su hermano Gilberto, en Guerrero tenía el número de clave AGBHAL69011112H400 y en Morelos poseía el número BRRDMN70011112H400
[219] Dicha información fue dada a los medios de comunicación el día 30 de enero del 2003 en las instalaciones de la PGR.
[220] Boletín 1105/02 de la Procuraduría General de la República (PGR)

De acuerdo a las investigaciones hechas por Eduardo Gallo, en el caso de su hija muerta hubo quien ayudó o protegió a los secuestradores para que éstos pudieran trabajar impunemente en el municipio de Tepoztlán. Varios hechos que comentaré a continuación comprueban dicha tesis:

A principios del 2000, en un allanamiento de morada, uno de los implicados en el secuestro de la maestra Gallo, realizó varios disparos con una pistola calibre .45, mientras golpeaba a una mujer y amenazaba de muerte a los presentes. A pesar de encontrarse casquillos percutidos y el señalamiento directo de los agraviados, las pruebas periciales lo favorecieron y fue puesto en libertad de inmediato.

En abril del 2000, dos de los secuestradores de Paola Gallo fueron detenidos por elementos de la Policía Municipal de Tepoztlán durante un choque de automóviles. Al realizar la inspección pertinente se les encontró una pistola 9mm cuyo uso es exclusivo de las fuerzas armadas. Tres días después estaban en libertad, no obstante que el documento con el que la Policía Municipal los puso a disposición de la Secretaría de Seguridad Pública Estatal, los señalaba claramente como secuestradores. Algunos de los testigos presénciales informaron que los plagiarios portaban en el automóvil rifles R-15.

Al respecto, Eduardo Gallo da testimonio sobre este caso en un texto de su autoría:

...En alguna conversación posterior que sostuve con Guillermo Valencia Benítez, quien fungía como director de la Policía Municipal de Tepoztlán cuando sucedió el secuestro de mi hija, me comentó que en abril, al ocurrir el accidente del automóvil, un par de sujetos que iban en el vehículo se echaron a correr, con armas largas en mano, hasta una casa que se encuentra a cientos de metros del centro de Tepoztlán, rumbo a Cuernavaca, y que por ello solicitó el apoyo de la Secretaría de Seguridad Pública. Al llamado de auxilio respondió un comandante con varios elementos, al que pusieron al tanto de lo ocurrido y le señalaron la casa donde se habían refugiado los dos sujetos; sin embargo, éste se negó a hacer algo por detenerlos, ya que el dueño de la propiedad había formado parte de la Procuraduría. Verdad o mentira, no lo sé. Con voluntad todo se puede aclarar. Por ejemplo, quién era el comandante, quien vivía en esa casa y demás detalles importantes.[221]

Las investigaciones realizadas posteriormente al plagio de Paola Gallo estuvieron pletóricas de omisiones garrafales o intencionales y diversos hechos demostraron la ineficacia de los cuerpos investigadores. Citaré a continuación algunos casos:

El automóvil Focus, propiedad de la familia Gallo y usado por los secuestradores para trasladar a la profesora Paola, fue enviado a un corralón sin que se le hicieran las pruebas periciales de dactiloscopia. El perito comisionado argumentó que estaba lloviendo e hizo caso omiso de la orden del ministerio público de realizársele las pruebas. Incluso, la Policía Federal Preventiva había reportado al vehículo como involucrado en un secuestro y hacía hincapié en que se hiciera el trabajo pericial.

---

[221] Texto publicado en la página de Internet http://www.vocesdelsecuestro.com

Durante la declaración de Anselmo Hernández Benítez, los ministerios públicos jamás lo cuestionaron para obtener la media filiación del "apache II", sujeto al que señalaban como el asesino material de Gallo Delgado, ni lo interrogaron para obtener datos que permitieran identificarlo. Hay versiones de algunos policías que indican, que Anselmo Hernández se ofreció a llevarlos a la vivienda del "apache II" pero los comandantes se negaron por temor a una emboscada.

Benito Muñoz Levaro, fiscal especial para secuestros,[222] negó por mucho tiempo la existencia del "apache II" con el argumento de que el involucramiento del mismo era tan solo un invento de los integrantes de la banda para deslindar responsabilidades. Tiempo después, el empresario Eduardo Gallo identificó, localizó y puso en manos de la Procuraduría General de Justicia del estado de Morelos a Francisco Zamora Arellano, conocido como el "apache II"

La casa donde radicaba Anselmo Hernández Benítez no se aseguró, ni los objetos encontrados en ella, a pesar que la Procuraduría General de Justicia tenía pruebas en su contra de secuestro. En el interior había varios artículos electrónicos que desaparecieron, tales como un estereo, una televisión a color, discos compactos, ropa de hombre y de mujer, una computadora portátil, maletas, artículos de campismo, botellas de licor, una agenda de la profesora Gallo, etc..[223] Familiares de los secuestradores acusaron al personal de la Fiscalía Especial para Secuestros de quedarse con los objetos de valor y éstos hicieron lo mismo contra los primeros. En esa ocasión, solo se aseguró la computadora portátil y la agenda personal de Paola Gallo.

De igual forma, no se aseguró la casa de María Luisa Zamora Arellano, esposa del plagiario Miguel Salgado Nájera a pesar de comprobársele que fue el lugar donde se tuvo cautiva a la profesora Paola Gallo. En dicho inmueble vivían también sus hijas de 10 y 17 años y sus hijos de 6 y 14 años respectivamente, así como su sobrina Anayeli Salgado Zamora, de 21 años de edad y probables testigos de los acontecimientos. El trabajo pericial que se realizó fue incompleto, a pesar de encontrase varios objetos propiedad de la familia Gallo y Tello.

Lo mismo pasó en la propiedad de Fania Tovar García, amante de Neftalí Lima Hernández y muerto por sus compañeros plagiarios. Durante el "bofo" trabajo realizado por los peritos, no se inspeccionó a detalle la casa, ni se aseguraron los objetos propiedad de la familia Gallo, tales como: un radio reloj despertador, una lámpara de gas con cuello de ganso y un juego de desarmadores.

Ocho meses después, con la presencia e intervención de la Secretaría de Acuerdos del Juzgado Segundo de los Penal, en un trabajo conjunto de ministerios públicos, tres peritos y 12 policías ministeriales realizaron una inspección judicial en la propiedad. En una recámara, bajo una alfombra se encontraron tres credenciales de identificación con fotografía de Paola Gallo. Entre las demás cosas encontradas se localizaron una olla de

---

[222] Tiempo después ascendido a director de Averiguaciones Previas.
[223] Dicha información consta en las fotografías tomadas por Peritos de la Procuraduría General de Justicia del Estado. Eduardo Gallo reconoció estos artículos como de su propiedad.

aluminio, varios aparatos electrónicos, una caja metálica para guardar herramienta, un televisor, entre otras cosas.

De acuerdo al testimonio de algunos peritos, los inquilinos de dichos inmuebles habían tenido la precaución o intención de eliminar las evidencias. Los peritos provenientes del Distrito Federal[224] pudieron localizar a pesar de las "limpiezas" hechas por los involucrados en el secuestro, varias evidencias que sirvieron en el proceso.

Cuando se recogió el cuerpo de Paola Gallo, en el pantalón fueron encontrados cabellos sin que se estableciera si procedían de ella o de alguno de los plagiarios. Esta prueba se debió hacer por rutina, de acuerdo a la formación básica de un perito.

Incluso, bajo las órdenes del personal del Servicio Médico Forense de Morelos (Semefo), se arrojó a la basura la ropa que portaba Paola Gallo al momento de su ejecución sin que se le hiciera una prueba pericial. Al ser cuestionada esta conducta por Eduardo Gallo y su abogado, la Coordinación de Periciales alegó que el personal del Semefo ofreció entregarles la ropa a los familiares y como se negaron, la desecharon. Esto era una imputación falsa, ya que dicha proposición nunca tuvo lugar de acuerdo a la familia Gallo.

En una investigación bien llevada, la ropa hubiera sido analizada por un perito y enviada al juzgado, en caso de ser requerido, como una prueba más que fundamentara la averiguación previa.

Al vehículo robado y encontrado en posesión de Anselmo Hernández Benítez no se le realizaron las pruebas periciales pertinentes, ni se informó al juzgado sobre el lugar donde el vehículo quedaba guardado.

Ocho meses después, a petición de Eduardo Gallo y Tello, se realizaron dichas pruebas en el vehículo. Durante la inspección, los peritos localizaron un portafolio vacío, una playera, un pantalón con sangre del grupo sanguíneo A[225] y cabellos de Paola Gallo, lo que resultó una prueba fehaciente de la participación de Anselmo Hernández Benítez en el plagio y homicidio de la profesora.

Por último, en un intento de extorsión, el director de la Policía Municipal de Emiliano Zapata ofreció a un amigo de la profesora Gallo devolverle, por una cantidad de dinero su vehículo Stratus para evitar pasarlo al Ministerio Público y abreviarle los trámites de devolución. El automóvil fue robado por los secuestradores y localizado dos días después de los hechos.

Al ser informado el procurador Sánchez Gaticia por un director de la Policía Federal Preventiva, solo se limitó a enviar a Héctor Buenrostro Grimaldi, director de

---

[224] Según el testimonio de Eduardo Gallo, tuvieron que solicitar peritos del Distrito Federal ya que los del estado tenían altos índices de ineptitud.

[225] Del tipo sanguíneo de Paola Gallo. Desafortunadamente no se pudo realizar una prueba de ADN ya que el vehículo estuvo expuesto durante varios meses a los rayos del sol.

Averiguaciones Previas, quien se limitó solo a amonestarlo sin que se le iniciara una averiguación previa, como presunto responsable del delito de extorsión

Respuesta de la guerrilla

Sobre las detenciones de algunos participantes en el plagio y asesinato de Paola Gallo, el Partido Democrático Popular Revolucionario[226] a través de su órgano informativo publicó:[227]

En más de una ocasión en diferentes medios de comunicación se ha difundido la supuesta detención de militantes y combatientes de nuestro partido, como es la reciente detención el 19 de noviembre en Perote, Veracruz por agentes federales de Rolando Gómez Corona "el apache" a quien acusan de secuestro y homicidio, así como "financiar" con sus actividades al EPR.

Negamos categóricamente que algún militante y combatiente nuestro haya sido detenido y el Sr. Rolando Gómez, tanto como los demás detenidos NO TIENEN RELACION ALGUNA con ninguna de nuestras estructuras, además no tenemos responsabilidad alguna en los supuestos delitos que les imputan.

Con relación a los secuestros perpetrados en el estado de Morelos, la comandancia del EPR se deslindó de los plagios perpetrados a través de un comunicado:

COMITE ESTATAL DEL PARTIDO DEMOCRATICO POPULAR REVOLUCIONARIO

COMANDANCIA MILITAR DE ZONA DEL EJERCITO POPULAR REVOLUCIONARIO

Estado de Oaxaca, a 5 de abril 1997.

ACLARACIÓN SOBRE LA SUPUESTA AUTORÍA DEL EPR EN ALGUNOS SECUESTROS ACONTECIDOS EN EL ESTADO DE MORELOS, ENVIADA AL PERIÓDICO LA CRÓNICA DE HOY.

Sr. Director del Periódico, La Crónica de Hoy.
Pablo Hiriart Le Bert.

Presente.

Agradecemos su amabilidad para publicar la siguiente aclaración, en relación al Ejercito Popular Revolucionario.

---

[226] Dicha organización política alberga en su seno a varios grupos insurrectos.
[227] Comunicado del Comité Estatal de Veracruz. El Insurgente, año 7, núm. 50, enero 2003

En la sección nacional pág. 16 del lunes 31 de Marzo del año en curso se dan a conocer comentarios, hechos por el reportero Francisco Mejía de un informe del Centro de Derechos Humanos Miguel Agustín Pro Juárez (PRODH) en donde se menciona que: " Un total de 254 secuestros se han registrado en Morelos desde 1994 hasta noviembre de 1996, coincidiendo también con la aparición de grupos armados en los municipios de Tlaquiltenango, y Amacuzac.

Esto hace suponer que el Ejército Popular Revolucionario (EPR) pueda ser el responsable de algunos de ellos," nos vemos en la necesidad de aclarar que el EPR. no tiene ninguna responsabilidad ni autoría en relación a los secuestros que señala como suposición el informe del PRODH. siguiendo la norma de informar verazmente de todo lo que a nuestras actividades se refiera, lo seguiremos haciendo, afrontando cualquier responsabilidad que de nuestro proceder se derive.

Es de conocimiento público que los responsables de los secuestros y extorsiones en el Edo. de Morelos y otras partes del país son bandas de delincuentes formadas en su mayoría por todo tipo de policías y ex-militares a quienes se les han sumado un numero considerable de los 700 judiciales federales que fueron despedidos por la PGR el año pasado. Estas bandas de delincuentes son protegidas y fomentadas por las mismas autoridades y que además los reclutan para conformar mas grupos paramilitares o guardias blancas y también son reclutados para ser parte de los cuerpos policíaco-militares anticonstitucionales que desarrollan la contrainsurgencia, como sucedió con la brigada blanca en la década de los 70's siendo uno de sus jefes, en aquellos tiempos; Jesús Miyazawa, actual jefe de la policía Judicial del Estado de Morelos.

COMANDANCIA MILITAR REGIONAL DEL EPR DEL VALLE DE MEXICO

COMITE REGIONAL DEL PARTIDO DEMOCRATICO POPULAR REVOLUCIONARIO DEL VALLE DE MEXICO.

C.I. OSCAR

Acciones del gobierno contra los plagios perpetrados por la guerrilla

Al ser la guerrilla una fuerza armada irregular con la finalidad del derrocamiento de un gobierno establecido a través de acciones armadas y políticas, las fuerzas de seguridad nacional trataran de desarticular a estas organizaciones con una metodología distinta a la usada contra la delincuencia común.

Los secuestros realizados por la guerrilla al igual que otras de sus acciones -tales como el sabotaje, asaltos, propaganda, etc- buscan desestabilizar a las instituciones gubernamentales

116

al provocar un ambiente de caos para las mismas, es por eso que dentro de las dinámicas de erradicación y control de estos grupos entra en juego la Secretaría de la Defensa Nacional.

El Ejército Mexicano tiene un papel importante dentro de las acciones de contrainsurgencia. Sirve y se sirve del apoyo de distintas fuerzas de seguridad nacional, estatal y municipal que buscarán mermar cuatro puntos importantes que son las bases del sostén de las fuerzas armadas insurrectas. Dichas bases son las siguientes:

A) La población

B) El medio geográfico

C) Los medios de acción

D) El apoyo exterior

La población:

Juega un papel importante en la guerrilla y sin ésta no se podría concebir un grupo armado. De ella obtienen combatientes, medios de subsistencia y la información primordial para llevar a cabo acciones que beneficiaran al movimiento. La población se convierte a la vez en el medio, el instrumento y el objetivo de la guerra de guerrillas.

Usaré como ejemplo, el caso del Partido Proletario Unido de América y su brazo armado, el Ejercito Proletario de Liberación y Unificación de América.

Dichos movimientos no se hubieran gestado si no existiera un contexto de marginación y pobreza entre algunos pobladores de Morelos. Un indicativo de esto son los combatientes, provenientes de sectores campesinos y obreros –la clase social más marginada- También debo señalar que existían personas con poder político y social que veían en estos movimientos un caldo de cultivo ideal para conseguir fines personales.

Un método empleado de contrainsurgencia en el ámbito nacional para mermar el apoyo de la población a la guerrilla, es a través de acciones económicas[228] y sociales.[229]

El medio geográfico:

Es de gran importancia ya que en ella se desarrollaran las actividades de la guerrilla y debe ser conocida al máximo por cada combatiente o simpatizante.

Morelos no cuenta con una geografía muy accidentada, esto representa una seria desventaja para los guerrilleros, desventaja que es aprovechada por los cuerpos de seguridad que se traduce en una rápida movilización de elementos.

---

[228] Entrega de despensas, granos, fertilizantes, dinero en efectivo, etc.
[229] Pavimentación de calles, construcción de presas, introducción de electricidad, etc.

Los medios de acción:
Dentro de esta categoría se encuentra dos clases de acciones, la personal y la material. El Ejército Mexicano ataca estos frentes de manera distinta:

El medio de acción personal consiste en atacar y desmoralizar el estado anímico del enemigo a través de acciones psicológicas o armadas.

El medio de acción material consiste en sustraer el mayor número de objetos materiales que estos posean.[230]

Apoyo exterior:

Proviene de áreas distintas al lugar de operaciones de la guerrilla y puede ser desde combatientes hasta municiones, dinero y alimentos.

El Ejército Mexicano a utilizado los retenes bajo la ley Federal de armas de fuego y explosivos para controlar este tipo de ayudas.

A partir de 1994, con la aparición de nuevos grupos armados en Guerrero, el número de retenes al igual que el presupuesto para la Sedena se incrementó.

En Morelos, elementos de elite del ejército han realizado acciones de inteligencia para detectar y anular el poder de las guerrillas.

Agencia Federal de Investigaciones.

En la mayoría de los casos, las guerrillas son sinónimos de secuestros, asaltos, terrorismo, tráfico de armas e incluso de drogas. Por estas razones, grupos policíacos elite buscan darle una batalla frontal.

Actualmente diversos grupos federales tienen como prioridad mermar el poder real de los grupos guerrilleros. La Agencia Federal de Investigaciones (AFI) es una de estas corporaciones.

La AFI cuenta con elementos especializados para poder rescatar a quien sea plagiado por la guerrilla. Las operaciones de rescate del plagiado y aprehensión del guerrillero se dividen en cuatro áreas.

Ingeniería de Inteligencia: Es la encargada de obtener información del caso a través del monitoreo y vigilancia de las comunicaciones que pudieran ser empleadas por los guerrilleros por medio de equipo sofisticado de alto nivel hasta lograr detectar su origen y la ubicación del secuestrado y sus captores.

Una vez que ya se tiene la posible ubicación del secuestrado y sus plagiarios, entra en acción otro grupo de inteligencia, el cual, estudia la zona y da informes constantes sobre la

---

[230] Instalaciones, municiones, alimentos, equipo de radiocomunicación, etc.

situación geográfica donde se realizarán los operativos, dicha información debe detallar si éstos se encuentran en una zona rural o urbana, posibles puntos de escape, tipos de construcciones que se encuentran en la zona, altura de las bardas e incluso, el número de involucrados y su acción de fuego.

En muchos casos, con el fin de obtener información más detallada, los agentes de la AFI logran infiltrarse en dichas agrupaciones subversivas amparados en el artículo 11 de la Ley Federal Contra la Delincuencia Organizada.

Al respecto, la Procuraduría General de la República, señala.

La infiltración de agentes es un medio de investigación eficaz para penetrar las entrañas de las organizaciones delictivas y conocer su forma de actuar, lo que se traduce en saber cuáles son sus formas de operar, cómo se compone y estructura su organización, cuál es su ámbito, zona, territorio de actuación y, en sí, toda aquella información que sirva para desmantelar la organización a la que se infiltró. Cabe precisar que solamente el Procurador General de la República puede autorizar la infiltración de agentes. [231]

Mientras los grupos de inteligencia realizan su trabajo, un tercer grupo integrado por abogados y un Ministerio Público especializado en materia de secuestros elaboran el testimonio jurídico de lo investigado, encargándose de darle al juez todos los elementos testimoniales, confesionales, documentales y periciales- para una sentencia condenatoria.

Por último, un grupo de asalto o acción inmediata entra en juego. Utilizan equipo de alta tecnología, cuyos elementos tienen la capacidad de fuerza mortal y no mortal.

Cada grupo de reacción cuenta con lo último en tecnología: guantes especiales para romper ventanas, trajes camuflados –uniforme negro para incursión nocturna y verde para asaltos rurales-, chalecos antibalas de nivel 7, cascos, máscaras antigases[232], cuerdas dinámicas para rapel,[233] cámaras térmicas, [234] lentes para visión nocturna, camionetas adaptadas para incursiones rápidas y en casos extraordinarios, helicópteros para vigilancia aérea.

Cada uno de los agentes federales de acción inmediata se especializa en algún tipo de arma y el número de ellos en cada misión varía según las investigaciones previamente realizadas.

Es normal que en cada grupo de asalto se cuenten con los siguientes elementos:

Agente con conocimientos en primeros auxilios: Normalmente es un técnico en primeros auxilios y cuenta con el equipo básico en caso de que alguien salga herido. Cuenta con

---

[231] http://www.pgr.gob.mx
[232] Estos son usados siempre y cuando el equipo de ingeniería y de acción inmediata decidan no realizar ningún dispar.
[233] Estas suelen ser de mejor manejabilidad y son excelentes en filtraciones y exfiltraciones.
[234] Detectan fácilmente el calor de los secuestradores y del plagiado

comunicación a cualquier institución de salud del estado. Puede ser apoyado por algún vehículo o helicóptero en caso de algún incidente.

Agente escopetero demoledor: Es el encargado de abrir espacios para poder hacer la incursión. Cuenta con un arma calibre 12 con capacidad de siete cartuchos. En ocasiones utiliza balas no letales o de goma[235], que al ser disparadas tienen la fuerza similar al de un batazo, esto provoca fracturas en el oponente. Cuenta con granadas aturdidoras de 100 decibeles.

Agente de clave: Cuenta con una escopeta para granadas de penetración, fragmentarias y lacrimógenas, equipo de rapel, cuerdas y arneses; se desplaza en un helicóptero con capacidad para 13 personas.

Agente fusilero ametrallador: Con la misión principal de dar seguridad en los avances y retiradas del equipo. Sus armas son un AK-47-7.62 mejor conocido como "cuerno de chivo", con 270 cartuchos divididos en dos discos de 75 balas cada uno y cuatro cargadores de 30 y pistola 9 milímetros principalmente. En caso de recibir fuego enemigo, se cubre y repele para dar oportunidad al grupo de tomar posesiones mientras el enemigo baja su acción de fuego.

Agente francotirador: Se encuentra ubicado estratégicamente para darle protección al grupo y a la(s) victima(s) Utiliza un rifle calibre 762 por 39 milímetros con mira telescópica, los cartuchos son los mismos que utilizan los "cuernos de chivo" con un alcance de 200 metros y binoculares de visión nocturna. La función del agente francotirador no es causar la muerte del enemigo sino ponerlos fuera de combate.

Un psicólogo: Este se encarga de dar auxilio al plagiado en caso de entrar en una crisis nerviosa.

Cuando el grupo de rescate entra en acción y se da un enfrentamiento, el plagiado al tener los ojos vendados y no darse cuenta de los acontecimientos, piensa que lo van a matar y entra en crisis nerviosa, es cuando el psicólogo lo ayuda a salir del trauma.

Las comunicaciones que mantienen los agentes con la central son codificadas mediante un sistema francés llamado Matrax, con baterías de litio que duran 18 horas y tienen un alcance de mil kilómetros.

Mucha de la información obtenida por otras corporaciones e incluso del Ejército se centra en las oficinas de la AFI, tal como lo comenta la Subprocuradora de Coordinación General y Desarrollo María de la Luz Lima Malvido.

el Procurador de la República ya lo ha dicho en varias ocasiones, la participación del Ejército en esto es en darnos la información en tiempo real que reciben de su despliegue territorial, hasta el último rincón del país está presente el Ejército y le llega la información en tiempo fundamental y con oportunidad de que está

---

[235] Almohadillas rellenas de perdigones

dándose un evento; así que esa información la remiten e inmediatamente la Agencia Federal de Investigación toma nota y estamos esperando la denuncia, y si no hay denuncia, bueno, iniciamos la exploración y la investigación en este tipo de ilícitos.[236]

BIBLIOGRAFÍA

Libros:

RONQUILLO, Víctor, *La nota roja (compilación 1920-1929)*, Grupo Editorial Siete, México, 1996.

"Manual de guerra irregular, Tomo I". Sedena. 1998

MARIGHELLA, Carlos. *Mini-manual del guerrillero urbano*. Brasil, 1969

Periódicos:

ALCARAZ, Daniel. "Insiste el Grupo Cuautla". *Periódico La Unión de Morelos*, Cuernavaca, 31 de diciembre de 1995.

APONTE, David. "Pedir perdón sería hipócrita". *Periódico La Jornada*, México, 19 de agosto de 1998.

CABAL, Alfonso. "Solicitarán apoyo presidencial familiares de secuestrados". *Periódico La Unión de Morelos*, Cuernavaca, 29 de diciembre de 1995.

CASTILLO, Jesús. "Lo reconocieron". *Periódico La Unión de Morelos*. Cuernavaca, 18 de abril de 1995.

CASTILLO, Jesús. "Una "puntada de principiantes" ocasionó la muerte de Darío Lugo". *Diario La Unión de Morelos*. Cuernavaca, 21 de abril de 1995.

CASTILLO, Jesús. "Sí realicé el disparo porque nos engañaron, confiesa Luis". *Periódico La Unión de Morelos*. Cuernavaca, 23 de abril de 1995.

CASTILO, Jesús. "Todo se vino abajo por seis malos policías: Peredo". *Periódico La Unión de Morelos*, Cuernavaca, 10 de octubre de 1995

CASTILLO, Jesús. "Crimen de alta escuela". *Periódico La Unión de Morelos*, Cuernavaca, 15 de agosto de 1996

CASTILLO, Jesús. "Capturan al "Rojo"". *Periódico La Unión de Morelos*, Cuernavaca, 29 de noviembre de 1996.

---

[236] Conferencia de prensa dada a los medios de comunicación el 7 de febrero de 2002 en la sala de prensa de la coordinación general de comunicación social de la dependencia.

CASTILLO, Jesús. "La captura de los secuestradores evitó un incremento de criminalidad". *Periódico La Unión de Morelos*, Cuernavaca, 4 de diciembre de 1996.

CASTILLO, Jesús. "Presuntos secuestradores se declaran insolventes". *Periódico La Unión de Morelos*, Cuernavaca, 11 de diciembre de 1996.

CASTILLO, Jesús. "Cambio y Fuera". *Periódico La Unión de Morelos*. Cuernavaca, 11 de mayo de 1997

CASTILLO, Jesús. "Enredo jurídico en un secuestro "por amor"". *Periódico La Unión de Morelos*, Cuernavaca, 25 de julio de 1997.

CASTILLO, Jesús. "Guerrerenses, la mayor parte de secuestradores consignados". *Periódico La Unión de Morelos*, Cuernavaca, 3 de noviembre de 1997.

CASTILLO, Gustavo. "Al descubierto, red de protección judicial de Daniel Arizmendi". *Periódico La Jornada*, México, 2 de junio de 1998.

FERNÁNDEZ, Leticia. "Tengo secuestrada a tu hija". *Periódico Reforma*, México, 27 de enero de 2003.

GARDUÑO, Roberto. "Arizmendi me propuso un trato, pero no se hizo: Pliego Fuentes". *Periódico La Jornada*, México, 19 de agosto de 1998.

GÓMEZ, Sergio. "Rescata la judicial a un secuestrado". *Periódico La Unión de Morelos*, Cuernavaca, 27 de marzo de 1995.

GÓMEZ, Sergio. "Así fue la muerte de Darío Lugo Sánchez". *Periódico La Unión de Morelos*, Cuernavaca, 17 de abril de 1995.

GÓMEZ, Sergio. "Escándalo por el involucramiento de judiciales con una banda de secuestradores". *Periódico La Unión de Morelos*, Cuernavaca, 4 de octubre de 1995.

GÓMEZ, Sergio. "Jesús Miyazawa, director de la PJ". *Periódico La Unión de Morelos*, Cuernavaca, 25 de noviembre de 1995

GÓMEZ, Sergio. "Capturan a La Víbora". *Periódico La Unión de Morelos*, Cuernavaca, 13 de febrero de 1996.

GÓMEZ, Sergio. "Capturan a banda de secuestradores en Puente de Ixtla". *Periódico La Unión de Morelos*, Cuernavaca, 19 de junio de 1996.

GÓMEZ, Sergio. "Liberan a presuntos plagiarios de Puente de Ixtla; nuevos detenidos en Amacuzac". *Periódico La Unión de Morelos*, Cuernavaca, 20 de junio de 1996.

Gómez Sergio. "Rinden su declaración preparatoria". *Periódico La Unión de Morelos*, Cuernavaca, 3 de diciembre de 1996.

GÓMEZ, Sergio. "Cae otro "Dragón Negro"". *Periódico La Unión de Morelos*, Cuernavaca, 7 de diciembre de 1996.

GÓMEZ, Sergio. "Plagiario detenido". *Periódico La Unión de Morelos*, Cuernavaca, 11 de diciembre de 1996.

GÓMORA, Doris. "Las cartas de la cárcel". *Periódico Reforma*, México, 16 de agosto de 1999.

GUERRERO Garro, Francisco y VENEGAS, Juan Manuel. "De 94 a 97, casi 400 secuestros en Morelos". *Periódico La Jornada*, México, 23 de mayo de 1998.

GUTIÉRREZ, Maribel. "Dijeron haber ``oído" que el líder es Benigno Guzmán "Tres son miembros de la OCSS" los consignaron por portación de arma prohibida". *Periódico La Jornada*. México, 12 de julio de 1996.

HERNÁNDEZ, Luis Guillermo. "Intervienen 250 judiciales en operativo de captura". *Periódico Reforma*, México, 19 de agosto de 1998.

HERRERA, Rolando. "Cae "heredero" de "El Mochaorejas"". *Periódico Reforma*, México, 20 de enero de 2003.

MARTÍNEZ, Agustín. "Describe secuestrador cómo plagiaron a la maestra Paola Gallo". *Periódico Milenio*. México, 5 de diciembre del 2002

OLMOS, José Gil. "Habrá una respuesta armada de las FARP si el EZLN es agredido, advierte el teniente José Luis". *Diario La Jornada*. México, 15 de febrero del 2001

ORTIZ, Gerardo, GÓMEZ, Sergio. "Se espera la consignación de más involucrados en el asesinato de Darío Lugo". *Periódico La Unión de Morelos*. Cuernavaca, 18 de abril de 1995.

PRECIADO, Tlaulli Rocío. "Confiesan asesinos de Paola". *Periódico La Unión de Morelos*. Cuernavaca, 25 de julio del 2000

RAMÍREZ, Ignacio."Viven en constante mutación". *Periódico El Universal*. México, 25 de febrero de 2001

RAMOS, Claudia. "Ayuda Procuraduría de Querétaro a localización". *Periódico Reforma*, México, 19 de agosto de 1998.

REDACCIÓN. "Ejecutan a testigo". *Periódico La Unión de Morelos*, Cuernavaca, 21 de octubre de 1996.

REDACCIÓN. "Entrevista a Mireille Roccatti". *Periódico El Sol de Toluca*, Estado de México, 11 de junio de 1998.

REDACCIÓN. "Con tiro de gracia ejecutan a tres personas en Ocotepec, Cuernavaca". *Periódico La Jornada Morelos*. Cuernavaca, Morelos, 18 de julio del 2000

RODRÍGUEZ, Francisco. "Presume amistad con "Mochaorejas"". *Periódico Reforma*, México, 21 de enero de 2003.

ROMERO, Cesar. "No me arrepiento". *Periódico Reforma*, México, 19 de agosto de 1998

TORRES, Rubén. "Somos hijos de Dios...". *Periódico El Economista*, México, 5 de noviembre de 2002

VEGA, Rene. "Incursiona un grupo de encapuchados en Morelos", *Periódico Milenio*. México, 19 de septiembre del 2002

VEGA, René. "La policía de Morelos detecta red subversiva de las FARP". *Diario Milenio*, México, 14 de enero del 2003

VENEGAS, Juan Manuel. "Arizmendi me propuso un trato, pero no se hizo: Pliego Fuentes". *Periódico La Jornada*, México, 19 de agosto de 1998.

123

VICENTEÑO, David. "Dan 23 años a cuñada de Arizmendi". *Periódico Reforma*, México, 2 de marzo 2003

Revistas:

ARANDA, Julio. "Detrás de los secuestros en Morelos podría estar el EPR, como sucedió en los años set con la guerrilla de Lucio y Genaro". *Semanario Proceso*, México, 19 de agosto de 1996.

ARANDA, Julio. "Y el fenómeno apenas empieza". *Semanario Proceso*, México, 27 de enero de 1997.

ARANDA, Julio. "Desde 1995 se involucró a los jefes policíacos de Morelos en los secuestros". *Semanari Proceso*, México, 16 de febrero de 1998.

ARANDA, Julio. "Según un testigo protegido de la PGR, el procurador de Morelos ayuda a "El Azul"". *Semanario Proceso*, México, 16 de agosto de 1999.

JULIO, Aranda, Matías Pedro. "Pueblos de Oaxaca y Morelos, entre dos temores: la guerrilla y la represión". *Semanario Proceso*. México, 1 de noviembre de 1999.

ARANDA, Julio. "Con Carrillo Olea o sin él, Morelos vive en la inseguridad". Semanario Proceso, México, 21 de febrero de 2000

CORREA Guillermo, LOPEZ Julio César. "Ni el EZLN ni nosotros somos los únicos grupos armados que existen en México". *Semanario Proceso*. México, 12 de agosto de 1996.

MONSIVAIS, Carlos. "Un mal día en la vida de Daniel Arizmendi", *Semanario Proceso*, México, 24 de agosto de 1998.

REDACCIÓN. "Detienen al peligros secuestrador Daniel Arizmendi". *Revista Peninsular*, Yucatán, 27 de octubre de 2000.

REDACCIÓN. Comunicado del Comité Estatal de Veracruz. El Insurgente, año 7, núm. 50, enero 2003

RICARDO, Ravelo. "Contra el narco, Jorge Madrazo depura la Policía Judicial con la incorporación de militares". *Semanario Proceso*, México, 14 de julio de 1997.

OZAETA, Ulysses. "Tetecala, lugar de descanso de "El Señor de los Cielos"". *Fanzine La Cloaca*, Puente de Ixtla, 10 de octubre de 2001.

OZAETA, Ulysses. "La guerrilla en México". *Fanzine La Cloaca*. Puente de Ixtla, Morelos, Mayo 2001

OZAETA, Ulysses. "Secuestros S.A., industria Morelense". *Fanzine La Cloaca*, Puente de Ixtla, 10 de Octubre de 2001.

Audio visuales:

Conferencia de prensa dada a los medios de comunicación el 7 de febrero de 2002 en la sala de prensa de la coordinación general de comunicación social de la dependencia.

Otros

Liga Mexicana por la Defensa de los Derechos Humanos. No. DE REFERENCIA: LFD-MOR-021-2002

Procuraduría General de Justicia del Estado de Morelos. Averiguación previa 14/7553/95-12

Procuraduría General de Justicia del Estado de Morelos. Expediente 131/95.

Procuraduría General de Justicia del Estado de Morelos. Expediente penal 240/96

Procuraduría General de Justicia de Morelos. Averiguación previa SC/4731/96-06

Procuraduría General de Justicia de Morelos. Averiguación Previa PI/657/95-07

Procuraduría General de Justicia de Morelos. Averiguación previa SC/7502/9607 y SC/9000/95-09

Procuraduría General de Justicia de Morelos. Averiguación Previa CT/5/1567/96-05.

Procuraduría General de Justicia de Morelos. Averiguación Previa JO/1/1205/96-09.

Procuraduría General de Justicia de Morelos. Averiguación previa TX/1614/96-11

Procuraduría General de Justicia de Morelos. Averiguación previa PI/251/97-04.

Procuraduría General de Justicia de Morelos. Averiguación previa SC/1a/4303/00-07

Procuraduría General de Justicia de Morelos. Causa penal 21/05/2002.

Procuraduría General de la República. Averiguación Previa PGR/UEDO/149/98

Procuraduría General de la República. Boletín No. 225/00.

Procuraduría General de la República. Boletín No. 350/00.

Procuraduría General de la República. Boletín No. 388/00.

Procuraduría General de la República. Boletín No. 021/01

Procuraduría General de la República. Boletín 1105/02

Electrónicos:

Real Academia Española (2003) http://www.rae.es/

SOLÍS, Arturo (2003) Derechos Humanos en México. http://www.derechoshumanosenmexico.org (15/09/03)

Voces del Secuestro. (2003) http://www.vocesdelsecuestro.com (16/09/03)

Procuraduría General de La República. (2003) http://www.pgr.gob.mx (18/09/03)